# 101 x Bäckerhandwerk in Berlin

FEIN-BÄCKERE
Conditorei
Bäck

# 101 x Bäckerhandwerk in Berlin

Annette
Godefroid

Eine illustrierte Geschichte
der Berliner Bäcker und ihrer
Innung ab 1272

BeBra Verlag

Kauft nur beim Bäcker
125 Mehl
200 Brot
Brotkarte

## 3. Berliner Bäcker und ihre Innung 1945 bis 1951 38

## 4. Bäcker in Westberlin 1950 bis 1990 46

Goldene Brezel

Conditorei
Fein-Bäckerei

Doppel-Ofen der Firma R. Moritz.
Doppelte
Unterzug-Backöfen
mit Vorder- oder Hinterfeuerung.

Brod sende auf Wunsch Frei ins Haus

Juli 1932
Gesangverein der Bäckermeister Mariendorfs.

# EINLEITUNG

1950 erschien das erste und für mehr als 45 Jahre letzte gemeinsame Adressbuch der Bäcker in Berlin, das 2499 aktive Mitglieder der Berliner Bäcker-Innung aufführte, 1505 in Westberlin und 994 in Ostberlin. Da die Innungsmitgliedschaft freiwillig war, gab es damals sicher noch mehr Bäckereien in den 20 Berliner Verwaltungsbezirken.

Spaziert man heute durch die Straßen Berlins, könnte man den Eindruck gewinnen, dass zwar die Zahl der Bäckereien abgenommen hat, es aber immer noch viele gibt, auch in Seitenstraßen. Nur den wenigsten Kunden dieser Geschäfte, die sich „Bäckerei & Café", „Backshop", „Backwerkstatt", „Backparadies", „Bakery" nennen oder einen anderen Namen tragen, der an Bäckerei erinnern soll, dürfte bewusst sein, dass die in den meisten dieser Verkaufsstätten angebotenen Waren nicht von Bäckern hergestellt werden, sondern es sich zumeist um Aufbackstationen für industriell gefertigte tiefgekühlte Teiglinge handelt. Für den Betrieb dieser Backshops & Co. reicht eine Gewerbeerlaubnis, eine fachspezifische Ausbildung ist nicht erforderlich.

Anders verhält es sich mit den handwerklichen Bäckereien, die ihren Teig noch selbst herstellen. Um eine Bäckerei zu betreiben, die als Handwerksbetrieb zählt, bedarf es der Eintragung in die Handwerksrolle, die von der Handwerkskammer betreut wird. Außerdem muss mindestens ein Bäckermeister im Betrieb arbeiten. Zu dessen Titel gehören eine abgeschlossene, überwiegend 3-jährige Lehre in einer als Handwerksbetrieb eingetragenen Bäckerei und zusätzlich die Ablegung der Meisterprüfung vor der Handwerkskammer. In Berlin gibt es Stand Ende 2021 nicht einmal mehr 150 Betriebe, die als Bäckerei in der Handwerksrolle geführt werden.

Ein wesentlicher Grund für den Rückgang der Bäckereien in den letzten 70 Jahren ist der Personalmangel. Seit den 1960er Jahren fehlt es an Lehrlingen und viele Bäckereien fanden keine Nachfolger mehr, wenn sich die Inhaber zur Ruhe setzten. Eine Bäcker-Ausbildung, die zur Gesellenprüfung führt, kann nur in einem Meisterbetrieb absolviert werden.

In Berlin übernimmt es die Bäcker-Innung, „entsprechend den Vorschriften der Handwerkskammer die Berufsausbildung der Lehrlinge (Auszubildende) zu regeln und zu überwachen sowie für die berufliche Ausbildung der Lehrlinge (Auszubildende) insbesondere durch überbetriebliche Unterweisungseinrichtungen zu sorgen [... und] die Gesellenprüfung abzunehmen". Auch die Ausbildung zum Bäckereifachverkäufer wird von der Innung geregelt. Zur Förderung der beruflichen Ausbildung bietet sie in der ihr angeschlossenen Akademie Deutsches Bäckerhandwerk zweimal pro Lehrjahr die ÜLU (Überbetriebliche Lehrlings-Unterweisung) an, um die Ausbildung abzurunden, da nicht sichergestellt ist, dass in allen Ausbildungsbetrieben alles beigebracht wird, was für die Gesellenprüfung erforderlich ist. Die Überwachung der Lehrlingsausbildung erfolgt nicht nur für die Innungsbetriebe, sondern für alle in die Handwerksrolle eingetragenen Bäckereien.

Zu den Aufgaben und Angeboten der Berliner Bäcker-Innung gehören neben der Regelung der Lehrlingsausbildung u. a. Meisterkurse, Fortbildungskurse für Bäcker und Bäckereifachverkäufer, Betriebs- und Rechtsberatung sowie die Stärkung des Berliner Bäckerhandwerks durch Werbemaßnahmen und Messepräsenzen wie z. B. auf der Grünen Woche.

Die Berliner Bäcker-Innung gibt es schon seit dem Mittelalter. Am 18. Juni 1272 genehmigte der Magistrat von Berlin die Gründung eines Bäcker-Gewerks. Ihre Historie war oft eine Geschichte mehrerer Innungen auf dem Berliner Stadtgebiet, zuletzt verursacht durch die Teilung der Stadt in West- und Ostberlin. Es gab Glanzzeiten und Phasen, in der ihre Bedeutung als Interessensvertretung ihrer Berufsgruppe zurückging, z. B. im 19. Jahrhundert, nach der Einführung der Gewerbefreiheit und im 20. Jahrhundert während des Regimes der Nationalsozialisten.

Generell ist nach der geltenden Handwerksordnung die Innung heute noch die offizielle fachliche Interessenvertretung von Personen, die in einer Berufsgruppe des Handwerks tätig sind. Auch wenn eine Mitgliedschaft nicht verpflichtend ist, ist die Innung der erste Ansprechpartner von Einrichtungen wie Handwerkskammer, Senat, Gewerkschaft etc.

Dank an Kurt Berning, Hans-Joachim Blauert, Jürgen Buhrmeister, Hans-Joachim Grumm, Heinrich Jünemann, Christiane Hetzer, Peter Kunkel, Bernd Lau, Christa Lutum, Harald Prohassek, Andreas und Ortwin Rösler, Uwe Rohland, Jürgen Schulwitz, Rainer Schwadtke, Lars und Bodo Siebert, Annette Sipp, Hartmut Spaethe, die sich alle Zeit für ausführliche Gespräche nahmen und viel zum Entstehen dieser kleinen Geschichte beitrugen.

Möglich gemacht wurde die Bebilderung der kleinen illustrierten Geschichte erst durch Kurt Berning, Hans-Joachim Blauert, Jürgen Buhrmeister, Hans-Joachim Grumm, Bernd Lau, Christa Lutum, Harald Prohassek, Andreas Rösler, Rainer Schwadtke, Manuela Seefluth, Lars und Bodo Siebert, Annette Sipp und Hartmut Spaethe, die sich zu Hause auf die Suche machten und viele private Fotos und Dokumente zutage förderten und für diese Publikation zur Verfügung stellten.

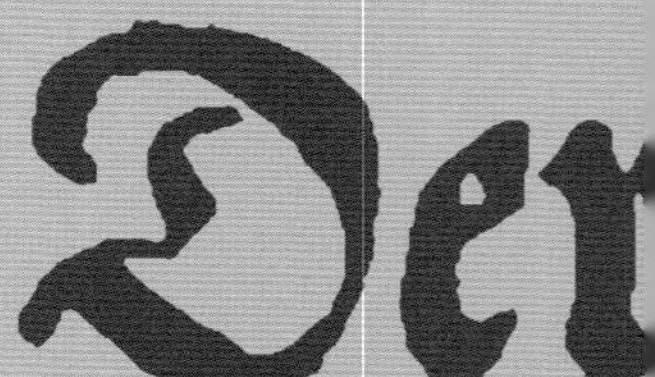


# 1.

# Die Berliner Bäcker-Innung(en) von der Gründung bis zum ausgehenden 19. Jahrhundert

1568 erschien in Nürnberg das sog. Ständebuch mit Holzschnitten von Jost Amman (1539–1591) und mit Versen von Hans Sachs (1494–1576), in dem auch zahlreiche Handwerksberufe in Wort und Bild Eingang fanden. Nicht viel anders als auf dem Bild dürfte es damals auch in einer Berliner Backstube ausgesehen haben. (Foto artstore.org)

# Beck.

# 01 WOZU INNUNGEN – AUCH ZUNFT ODER GEWERK GENANNT – IM MITTELALTER?

Pistorum.

[1]) Wente di gesunde mensche mach nicht wesen lange tyt ane brod, id queme dan von godes gnaden, umme dat hebbe wi radmanne old und nye tu Berlin met vulbord unser gemeynheit gegeven und geven werk und gulde den beckers unsen lyven medeborgers, dat sy dat werk wol scolen holden, alse in dessen brif steit geschreven.

Dorch kenntnisse wille hebbe wi en gegeven dessen briff besegeld met unser stad ingesegel. Gegeven na godes gebord dusent und twe hundert und twe und soventig jare des sonnabendes na pingesten.

**„Da der gesunde Mensch nicht lange Zeit ohne Brot sein kann, es käme denn von Gottes Gnaden, darum haben wir Ratsmänner, alte und neue zu Berlin, mit Vollmacht unserer Gemeinde gegeben und geben Gewerk und Gilde den Bäckern, unseren lieben Mitbürgern, dass sie das Gewerk wohl halten sollen, so wie in diesem Brief geschrieben steht […].**

**Durch Kenntnis willen haben wir diesen Brief gegeben, besiegelt mit unserem Stadtsiegel. Gegeben nach Gottes Geburt tausend und zweihundert und zwei und siebzig Jahre am Sonnabend nach Pfingsten."**

Das Berliner Stadtbuch entstand 1391–1398 und umfasst Quellentexte aus der Zeit von 1272 bis 1489. 1883 veröffentlichte der Verein für die Geschichte Berlins eine gedruckte Ausgabe, aus der die Abbildung stammt.

So beginnt und endet, übertragen in heutiges Deutsch, das Gründungsprivileg der Berliner Bäcker-Innung von 1272, die damit auch die älteste Innung von Berlin ist und 2022 ihr 750-jähriges Bestehen feiern konnte. Der Sonnabend nach Pfingsten fiel übrigens damals auf den 18. Juni. Leider ist das Original der Gründungsurkunde nicht mehr erhalten, weder in der Innung noch im Berliner Stadtarchiv. Zu oft gab es Stadtbrände im mittelalterlichen Berlin. Nach einem großen Brand 1380 beschloss der Rat der Stadt, alle vorhandenen städtischen Gesetze und Urkunden in einem Buch zusammenzufassen.

„Als Zünfte – von althochdeutsch zumft ‚zu ziemen' – bezeichnet man ständische Körperschaften von Handwerkern, wie sie seit dem Mittelalter zur Wahrung gemeinsamer Interessen entstanden und bis ins 19. Jahrhundert existierten. […] Die Zünfte bildeten ein soziales und ökonomisches System zur Regelung von Rohstofflieferungen, Beschäftigungszahlen, Löhnen, Preisen, Absatzmengen bis hin zur Witwenversorgung", weiß Wikipedia zu berichten.

Bei dieser Kurzerklärung fehlt allerdings der Hinweis, dass die Gründung von Zünften, in Berlin und Brandenburg zunächst Gewerk und später Innung genannt, sehr wohl auch den Interessen des Magistrats diente. Und es ist auch nicht erwähnt, dass Innungen noch heute – als Körperschaften des öffentlichen Rechts – existieren und weiterhin etliche der Aufgaben der „alten" Gewerke, angepasst an die Anforderungen der heutigen Zeit, fortführen.

Dem Rat der Stadt Berlin ging es bei der Gründung der Bäcker-Innung 1272 vor allem darum, eine Institution als Ansprechpartner zu haben, die ihre Anordnungen an die Mitglieder weiterleitete und sich ansonsten selbst verwaltete. Verglichen mit späteren Privilegien aus dem 16., 17. und 18. Jahrhundert ist die Gründungsurkunde recht kurz.

Durch die Bestimmung, dass nur geprüfte Bäckermeister eine Bäckerei führen durften, sollte die Qualität des Backwerks sichergestellt werden. Bäckermeister konnte man auch schon damals nur nach Absolvierung einer Lehre, in der man das Handwerk von der Pike auf lernte, werden. Der Innung stand es zu, die Meisterprüfung durchzuführen. Dabei musste der Kandidat nicht nur Teig herstellen und formen, sondern auch Brot abbacken können, um zu beweisen, dass er sein Handwerk verstand.

Wer sich als Meister in der Stadt niederlassen wollte, hatte der Stadt zehn Schillinge zu zahlen, Meistersöhne brauchten nur die Hälfte zu zahlen. Nicht in diesem Gründungsstatut steht, dass es den Meistern auch zustand, die Zahl der zugelassenen Bäcker in der Stadt festzulegen, um zu verhindern, dass sie sich gegenseitig Konkurrenz machten, jeder sollte sein Auskommen haben.

# 02 BROTPREIS = POLITISCHER PREIS, WEHE, WER SICH NICHT DARAN HÄLT

Da der Preis des Brotes als Grundnahrungsmittel viele Jahrhunderte ein politischer Preis war (in Ostberlin sogar bis 1990), ging es dem Magistrat vor allem um die Delegierung marktpolizeilicher Aufgaben, d. h. der Kontrolle von Qualitätsstandards, Maßen, Gewichten u. a. an die Bäcker.

So wurde schon 1272 bestimmt, dass zweimal pro Woche, sonntags und mittwochs, Ratsmitglieder zusammen mit von der Zunft gestellten Meistern das auf dem Brotscharren zu verkaufende Brot kontrollierten. Die Bäcker durften ihr Brot nicht selbst verkaufen, sondern das geschah durch einen von der Stadt angestellten „Scharrenmann" auf dem kommunalen Brotscharren (Brotstand). Eine Erinnerung an den Ort des Geschehens ist bis heute der Straßenname „Scharrenstraße" in Berlin-Mitte.

Dabei mussten die Bäckermeister gründlich prüfen, ob Qualität und Gewicht den vom Magistrat erlassenen Anordnungen

entsprachen. Wenn das nicht der Fall war, mussten die Prüfmeister das begleitende Ratsmitglied darauf aufmerksam machen und der schuldige Bäcker konnte entscheiden, ob er sein Brot billiger verkaufen oder gleich kostenlos zum Armenhof der Stadt abfahren lassen wollte. Auch die Brotpreise waren vom Rat der Stadt Berlin festgelegt, 1272 betrugen sie ½ Pf. bzw. ¼ Pf.

Nicht genauer im Innungsprivileg von 1272 benannt waren die Strafen, die für falsches Gewicht oder zu viel Wasser im Brot gezahlt werden mussten. So ist nicht bekannt, ob das Abfahren des Brotes schon Strafe genug war, oder ob es noch zusätzliche Geldbußen gab.

Ganz so streng wie z. B. in Wien, wo das Bäckertauchen eine der Bestrafungen für den Verkauf von mindergewichtigem Brot war, wie diese Abbildung zeigt, dürfte es in Berlin nicht gehandhabt worden sein. Aber sicherlich wurde auch hier diese Postkarte, die eine im ausgehenden 19. Jahrhundert entstandene Illustration zeigt, gern verschickt. (Sammlung Buhrmeister)

# 03 DIE BERLINER BÄCKER-INNUNG IM 16. JAHRHUNDERT

Das 1582 von Kurfürst Johann Georg von Brandenburg (1525–1598) erlassene Privileg für die Berliner Bäcker fiel mit 50 Artikeln wesentlich länger aus als das Gründungsprivileg von 1272. Neben organisatorischen Bestimmungen wie z. B. die Pflicht der Innungsmitglieder, an den Innungsversammlungen teilzunehmen oder die jährliche Wahl des Altmeisters (heute: Obermeister) und der vier Jungmeister, die den Altmeister bei seiner Arbeit unterstützen mussten (heute sind das die ehrenamtlich arbeitenden Vorstandsmitglieder der Innung), widmen sich sieben Artikel der Meisterprüfung. Außer Brot hatte der Meisterkandidat auch Semmeln zu backen, offensichtlich verzehrten schon damals viele Berliner gern dieses Kleingebäck.

Um Konkurrenz unter den Bäckermeistern zu verhindern, durfte sich keiner auf eigene Faust Großaufträge für Hochzeiten, Taufen oder andere Anlässe verschaffen. Zwar musste nun nur noch ein Teil des täglichen Brots dem Scharrenmann zum Verkauf übergeben werden und der Rest konnte zu Hause verkauft werden, aber die Bäcker durften keine Kunden zu ihren Backstuben lotsen. Verboten war es den Bäckern auch, außerhalb Berlins Roggen und Weizen zu kaufen. Mit der Begründung, alle Meister in der Innung sollen ihr Auskommen haben, wurden mit diesen Regelungen jegliche Eigeninitiative und profitorientiertes Handeln als Motor von Innovationen unterbunden. Aber auch auf die Lebensführung wollte der Landesherr mit diesem Statut Einfluss nehmen. Allein acht Artikel beschäftigen sich mit Strafen für Fehlverhalten bei den Festessen in der Innung, vom übermäßigen Alkoholgenuss bis zur Anmache der anwesenden Meisterfrauen und -töchter.

Bei dieser ältesten erhaltenen Urkunde des Berliner Bäckerhandwerks aus dem Jahr 1582 handelt es sich um eine Abschrift des Privilegs. So hießen damals die staatlicherseits erlassenen Statuten. Die Urkunde wurde in der kurfürstlichen Kanzlei aufbewahrt und wanderte später in deren Archiv. Aktenbestand heute im Brandenburgischen Landeshauptarchiv in Potsdam. (BLHA)

# 04 BERLIN WÄCHST UND BEKOMMT FÜNF NEUE BÄCKER-INNUNGEN HINZU

Im 17. Jahrhundert wuchs nicht nur die Stadt Berlin, sondern auch die Anzahl der Bäcker-Innungen, denn mit dem Ausbau der Vorstadtsiedlungen Friedrichswerder, Dorotheenstadt und Friedrichstadt wurden dort 1668, 1677 und 1693 eigene Bäcker-Innungen gegründet, die ihre Backwaren nur in ihrem Innungsbereich verkaufen durften. Um 1700 kam noch die Königsstadt hinzu, in der es dann auch eine eigene Bäcker-Innung gab.

Bereits 1693 hatte Kurfürst Friedrich III., ab 1701 König Friedrich I. in Preußen (1657–1713) verfügt, es dürfte keine Begrenzung der Meisterzahl auf Berliner Gebiet mehr geben. Wer einen Meistertitel und genügend Geld hatte, um Bürgerrecht und Haus zu erwerben, durfte in Berlin, Cölln oder den Vorstädten eine Bäckerei aufmachen. Auch durfte jeder Meister so viele Gesellen und Lehrlinge haben, wie er es sich leisten konnte.

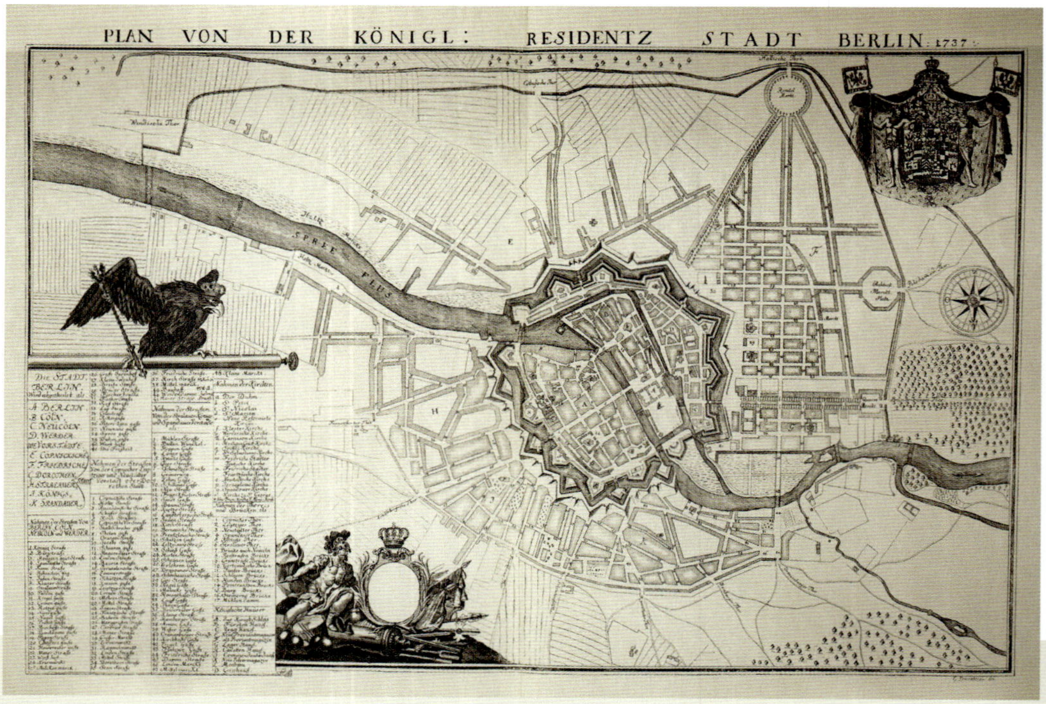


Berlin und seine Vorstädte waren damals weit entfernt von der Größe des heutigen Berlins. Namen wie Brandenburger Tor, Kottbusser Tor, Hallesches Tor, Schlesisches Tor, Oberbaumbrücke, Frankfurter Tor, Platz vor dem Neuen Tor und Torstraße geben einen Eindruck vom Verlauf der um 1735 erbauten Zollmauer um Berlin, seine Vorstädte und deren Ausdehnung.

# 05 BERLINER BÄCKER-INNUNGEN IM 18. JAHRHUNDERT

Aus den Anforderungen für die Meisterprüfung im Generalprivileg für die Bäcker von 1735 lässt sich erkennen, dass sich das Backwarenangebot beim Bäcker vergrößert hatte. Der Prüfungskandidat sollte aus einem Scheffel (rund 55 l) Roggenmehl „allerhand Sorten Brod wie es hiesigen Orts gebräuchlich", und aus einem Scheffel Weizenmehl „allerhand Art Semmel [...] auch Brezeln oder Kringeln backen".

Das Generalprivileg gestattete den Bäckern, nun ganzjährig Brezeln und Krapfen anzubieten. Bis dahin war das nur zu bestimmten Jahreszeiten üblich gewesen. Das lässt darauf schließen, dass die Berliner schon damals eine Vorliebe für in Fett ausgebackene Backwaren hatten, auch wenn die Krapfen vermutlich noch nicht mit Marmelade gefüllt waren. Den Innungsmitgliedern war es freigestellt, ob sie untereinander Produktionsquoten absprechen wollten.

Weiterhin ordnete der Magistrat als Aufsichtsbehörde Preise und Gewicht an. Noch immer musste ein Teil des produzierten Brotes auf dem Scharren verkauft werden. Die Bäcker durften aber nun auf eigene Faust auch im Umland ihr Getreide bzw. Mehl organisieren, was einige von ihnen ab der zweiten Hälfte des 18. Jahrhunderts nutzten und ein zweites wirtschaftliches Standbein als Mehlhändler aufbauten, was oft einträglicher war als ihre Bäckerei.

Deutschland war bis ins 19. Jahrhundert ein Flickenteppich von verschiedenen Herrschaftsgebieten, die erst 1871 zu einem Staat vereinigt wurden. Da die wandernden Handwerksgesellen aber gern auch von einem Herrschaftsbereich in den anderen wanderten und es in allen deutschen Königreichen, Fürstentümern, Großherzogtümern, Reichsstädten etc. Innungen gab, einigten sich die verschiedenen Staaten auf deutschem Gebiet 1731 auf Grundzüge einer einheitlichen

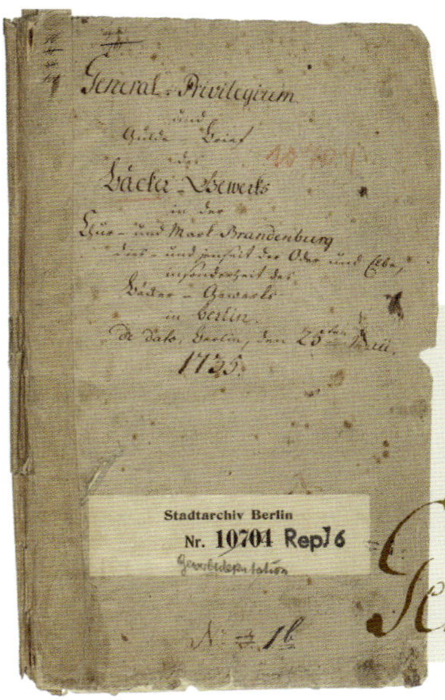


„General-Privilegium und Gülde-Brief des Bäcker-Gewerks in der Chur- und Mark Brandenburg dies- und jenseits der Oder und Elbe insonderheit des Bäcker-Gewerks zu Berlin, de dato, Berlin, den 25ten Maii, 1735", Umschlag der dem Berliner Magistrat übergebenen Abschrift des Generalprivilegs, heute Landesarchiv Berlin. (Foto Landesarchiv Berlin)

Handwerksordnung, die 1731 auch in Preußen eingeführt wurde. In den folgenden Jahren wurden staatlicherseits Innungsordnungen für die verschiedensten Handwerksberufe ausgearbeitet, die, da für alle Innungen des jeweiligen Handwerks in ganz Preußen gleich, „Generalprivileg" genannt wurden.

Letzte Seite des Generalprivilegs mit der Signatur König Friedrich Wilhelms I. von Preußen, nachstehend daraus Art. XXXIII:

„Gleichwie nun das Gewerk der Bäcker allhier sich nach diesen Innungs-Articuln, welche Wir zu vermehren, zu vermindern und zu verbeßern, Uns alle Wege vorbehalten, gehorsamlich zu achten und dagegen Unseres mächtigen Schutzes zu erfreuen hat: Also befehlen Wir Unserem Cammer-Gerichte, Kriegs- und Domainen-Cammer, Magistrat und Stadt-Gerichten, darüber mit allem Ernst und Nachdruck drauf zu halten, und wider die Übertreter dieser Articul auf die darin vorgeschriebene Weise, mit allem Ernst zu verfolgen.

Urkundlich haben Wir gegenwärtige Innungs-Articul höchsteigenhändig unterschrieben und mit Unserem königlichen Insiegel bedrucken laßen. So geschehen und gegeben zu Berlin den 25. Maii nach Christi Geburt in Eintausend siebenhundert fünf und dreijßigstem Jahre.

Fr. Wilhelm"

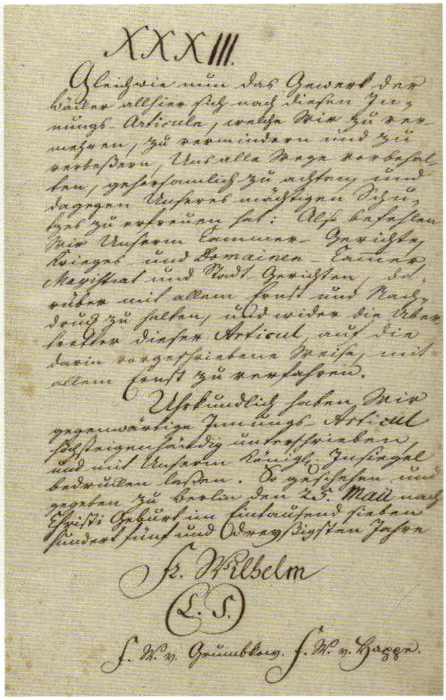
XXXIII.

Fr. Wilhelm

(L.S.)

# 06 FRANZÖSISCHES FLAIR IN BERLIN

Französisches Flair brachten nach 1685 die Hugenotten nach Berlin. Sie gründeten 1696 eine eigene Innung und im Gegensatz zu den anderen Bäcker-Innungen durften sie in allen Bereichen der wachsenden Stadt backen und verkaufen. 1729 gab es 26 französische Bäcker, ihre Zahl sank bis 1800 auf vier, und die vier befanden, dass es sich nicht mehr lohne, eine eigene Innung zu unterhalten und schlossen sich der Innung des Stadtteils an, in dem sie ihre Bäckerei hatten.

Selbst, wenn Baguette-Brot und Croissants damals noch nicht zum Repertoire französischer Bäcker gehörten, so brachten sie doch neue Rezepte und Backmethoden nach Berlin. Vielleicht befand sich ja auch schon ein Patissier darunter und führte das Konditorhandwerk ein. (Foto BIB)

# 07 AUS SECHS MACH EINS – DIE VEREINIGUNG DER BÄCKER-INNUNGEN IN BERLIN 1845

1710 hatte König Friedrich I. von Preußen Berlin, Cölln und die drei Vorstädte Friedrichswerder, Dorotheenstadt und Friedrichstadt zur königlichen Haupt- und Residenzstadt Berlin vereinigt und befand, dass sich nun die Bäcker-Innungen zum „combinierten" Gewerk zusammenschließen könnten. Die 186 Bäcker auf dem Berliner Stadtgebiet taten dies 1717 nur höchst ungern und behielten ihre individuellen Innungsstrukturen weitgehend bei. Um aber den Wünschen und dem Druck des Landesvaters entgegenzukommen, wurde jedes Jahr alternierend ein Altmeister aus einer der Innungen zum Obermeister des „combinierten" Gewerks gewählt. Schon vor 1822 fusionierten die Dorotheenstädtische und die Friedrichswerdersche Innung, 1832 schloss sich ihnen die Friedrichstädtische an. Einige Jahre später vereinigten sich die Bäcker-Innungen in Berlin, Cölln und Königsstadt zum „Berliner Gewerk", so dass es 1845 nur noch zwei Bäcker-Innungen in Berlin gab. Aber auch das war nach der neuen Gewerbeordnung von 1845 nicht mehr zulässig, da pro Stadt nur noch eine Innung existieren durfte. Deshalb verschmolzen die beiden Bäcker-Innungen 1847 zu einer Organisation.

Innungssiegel aus der 1897 erschienenen „Geschichte der Bäcker-Innung zu Berlin" von Eduard Kolbe, dem viele heute nicht mehr erhaltene Dokumente vorgelegen haben.

Berliner Bäcker-Innung von 1442

Friedrichstädtische Bäcker-Innung von 1694

Königsstädtische Bäcker-Innung um 1710

Cöllnische Bäcker-Innung aus der Zeit der napoleonischen Besetzung 1806

# 2.

## Berliner Bäckerhandwerk von 1871 bis 1945

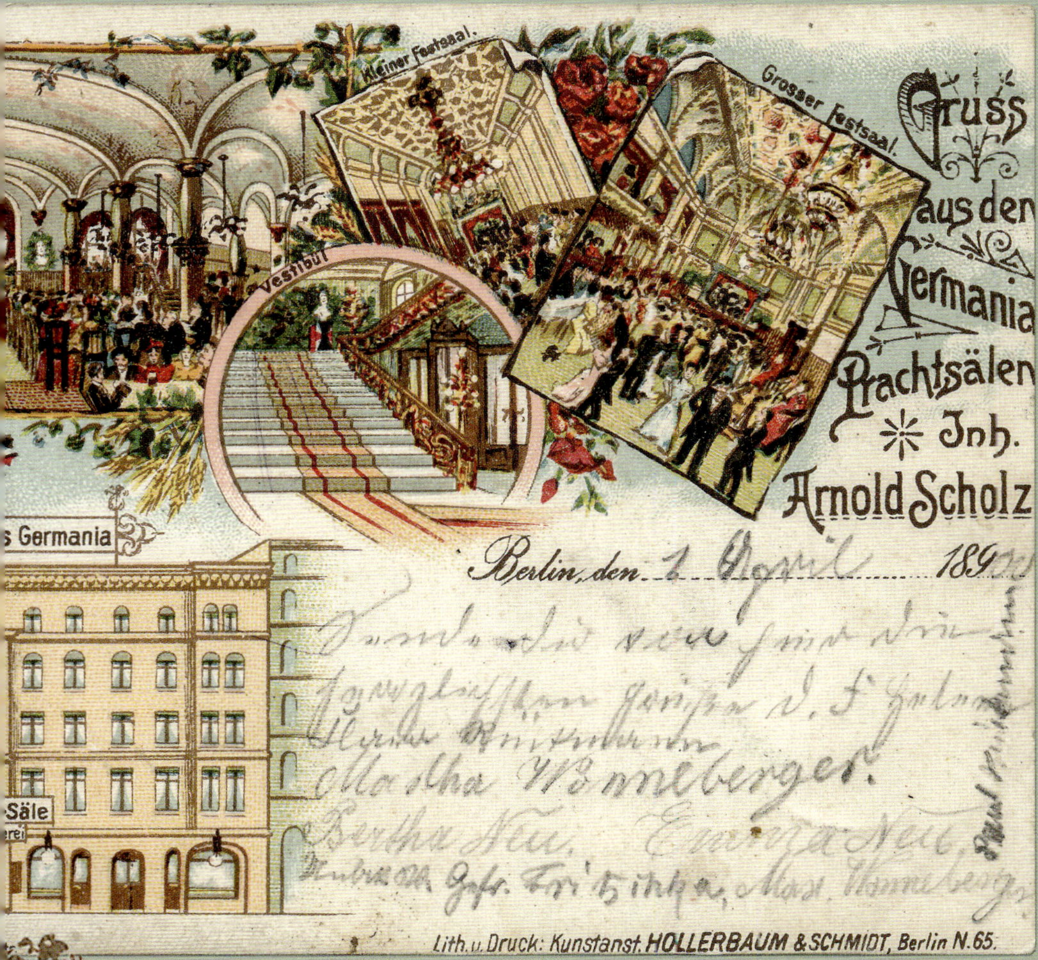


Die „Germania“ kaufte ein großes Grundstück an der Chausseestr. 103 (heute Nr. 110), das zur Chausseestraße hin bereits mit einem großen Mietshaus bebaut war. Auf der freien Fläche hinter dem Haus ließ sie ihr Innungshaus inkl. eines großen Festsaals und mehrerer Gesellschaftszimmer erbauen. Auch Räumlichkeiten für Innungsbüros, Sitzungszimmer etc. fanden in diesem „Neubau“ Platz. (Sammlung Godefroid)

# 08 AUS EINS WIRD WIEDER ZWEI – DIE BÄCKER-INNUNGEN „GERMANIA" UND „CONCORDIA"

1883 gab es wieder zwei Bäcker-Innungen in Berlin: etliche Bäcker, die mit dem Stil der alten Innung nicht einverstanden waren, hatten eine zweite Innung gegründet. Zu groß waren die Vorteile einer Innungsmitgliedschaft, als dass man darauf verzichten wollte. Und die neue Innung baute die gleichen Service-Leistungen auf, wie sie die alte besaß: Sterbekasse, Gesellenherberge, Gesellenkasse, Arbeitsvermittlung, Lehrlingsbetreuung, Großabnehmer-Verträge etc.

In Zwietracht entstanden, nannte sich die neue Innung „Concordia". Die alte Innung wählte daraufhin – nicht ganz unbescheiden – den Namen „Germania", schließlich war sie die Initiatorin des 1874 gegründeten Germania-Zentralverbandes der Deutschen Bäcker-Innungen gewesen und stellte auch immer den Verbandsvorsitzenden.

Beide Innungen erwarben Anfang der 1890er Jahre große repräsentative Häuser. Finanziert wurde der Hauskauf durch die Ausgabe von verzinsten Hausanteilscheinen, die auch viele Bäckermeister als Kapital-Anlage erwarben. Die laufenden Kosten sollten durch die Einnahmen aus Mieten und Verpachtung der „Festsäle" gedeckt werden.

Die „Concordia" erwarb zwei Grundstücke in Friedrichshain, die rückwärtig aneinanderstießen. Sowohl das Grundstück in der Krautstr. 38 als auch das in der Andreasstr. 64 waren zu den Straßen hin schon bebaut, aber in der unbebauten Mitte errichtete sie ihr Innungshaus, das neben den „Festsälen" und Räumen für den Innungsbedarf auch Platz für eine Gesellenherberge und ein Presshefe-Geschäft bot. (Sammlung BIB)

# 09 GRÜNDUNG DES FACHVEREINS VON BÄCKERMEISTER-SÖHNEN ZU BERLIN E. V.

Während sich die beiden Innungen bis Ende des 19. Jahrhunderts fleißig bekriegten, ignorierten etliche Bäckermeister-Söhne, die zwar schon Gesellen waren, aber noch auf die Nachfolge warten mussten, diese „Fronten" und gründeten 1892 gemeinsam den „Fachverein von Bäckermeister-Söhnen zu Berlin". Zum einen sollte der Verein ihrer Fortbildung und bald auch der anderer Gesellen dienen, indem Kurse und Vorträge angeboten wurden, wofür die Innungen auch Räume zur Verfügung stellten. Zum anderen sollte das Gesellige nicht zu kurz kommen, hatte man doch als Bäcker andere Arbeitszeiten als die meisten anderen jungen Leute, und so veranstaltete der Verein Feiern und Ausflüge zu bäckerfreundlichen Zeiten.

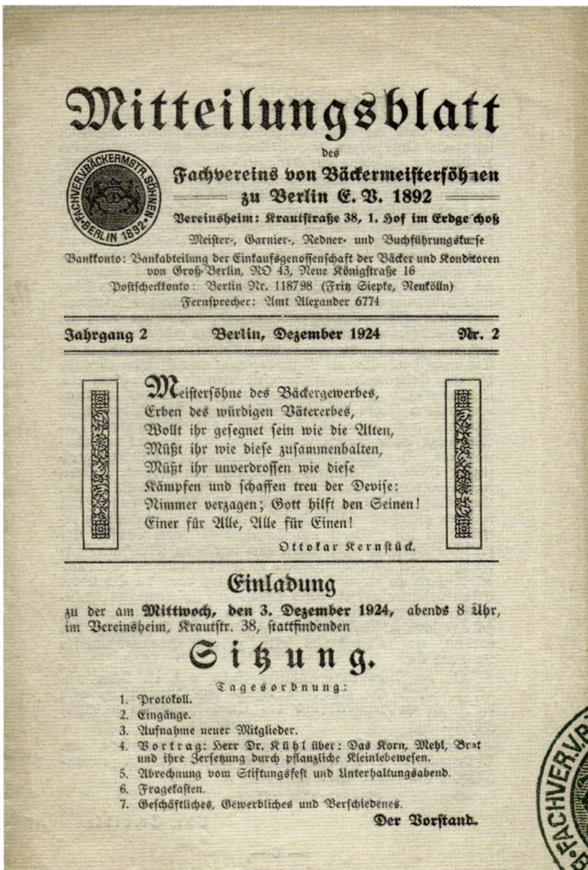

Mitteilungsblatt

des

Fachvereins von Bäckermeistersöhnen zu Berlin E. V. 1892

Vereinsheim: Krautstraße 38, 1. Hof im Erdgeschoß

Meister-, Garnier-, Redner- und Buchführungskurse

Bankkonto: Bankabteilung der Einkaufsgenossenschaft der Bäcker und Konditoren von Groß-Berlin, NO 43, Neue Königstraße 16

Postscheckkonto: Berlin Nr. 118798 (Fritz Siepke, Neukölln)

Fernsprecher: Amt Alexander 6774

Jahrgang 2 — Berlin, Dezember 1924 — Nr. 2

Meistersöhne des Bäckergewerbes,
Erben des würdigen Vätererbes,
Wollt ihr gesegnet sein wie die Alten,
Müßt ihr wie diese zusammenhalten,
Müßt ihr unverdrossen wie diese
Kämpfen und schaffen treu der Devise:
Nimmer verzagen; Gott hilft den Seinen!
Einer für Alle, Alle für Einen!

Ottokar Kernstück.

Einladung

zu der am **Mittwoch, den 3. Dezember 1924,** abends 8 Uhr, im Vereinsheim, Krautstr. 38, stattfindenden

Sitzung.

Tagesordnung:

1. Protokoll.
2. Eingänge.
3. Aufnahme neuer Mitglieder.
4. Vortrag: Herr Dr. Kühl über: Das Korn, Mehl, Brot und ihre Zersetzung durch pflanzliche Kleinlebewesen.
5. Abrechnung vom Stiftungsfest und Unterhaltungsabend.
6. Fragekasten.
7. Geschäftliches, Gewerbliches und Verschiedenes.

**Der Vorstand.**

Das Mitteilungsblatt des 1892 gegründeten Fachvereins wurde erst seit 1923 herausgegeben und diente nur für Mitteilungen, war also ein Flyer, wie man heute sagen würde, der der Bäcker-Zeitung beigelegt wurde. Später wurden die Veranstaltungen in der Bäcker-Zeitung veröffentlicht. Über die Qualität des abgedruckten Gedichtleins lässt sich streiten, aber es zeigt die Erwartung, dass die Bäcker sich als (Standes-)Gemeinschaft verstanden. Die Aufforderung zum Durchhalten ist sowohl aus den Erfahrungen des Ersten Weltkrieges und der Inflation zu verstehen als auch als Reaktion auf die Tatsache, dass es weiterhin in Berlin zu viele Bäckereien gab, die sich Konkurrenz machten. (Sammlung Grumm)

# 10 ZUSAMMENSCHLUSS DER BEIDEN KONKURRENZ-INNUNGEN 1911

Berlin wuchs und wuchs, 1911 gab es schon rund 2000 Bäcker. Das damalige Stadtgebiet umfasste nur die 1921–2001 existierenden Verwaltungsbezirke Mitte, Friedrichshain, Kreuzberg, Prenzlauer Berg, Wedding und Tiergarten.

1911 entschlossen sich die Mitglieder der beiden Bäcker-Innungen unter den Obermeistern Fritz Schmidt (Concordia) und Gustav Milleville (Germania) zu fusionieren und eine Zwangs-Innung einzurichten, da sie befanden, dass alle Berliner Bäcker bitte für die von den Innungen gebotenen Serviceleistungen ihren Obolus entrichten sollten. Ein Jahr zuvor, 1910, hatten die Innungsmitglieder auf den Innungsversammlungen dafür grünes Licht gegeben. Zunächst mit zwei Obermeistern – Fritz Schmidt und Gustav Milleville – an der Spitze, kehrte man nach Millevilles Tod im Dezember 1913 wieder zu einem Obermeister zurück.

Gustav Milleville, 1906–1911 Obermeister der Bäcker-Innung „Germania", 1911 bis zu seinem Tod im Dezember 1913 Obermeister der Berliner (Zwangs-)Innung. (Sammlung BIB)

Fritz Schmidt, Obermeister der „Concordia", ab 1911 bis Dezember 1918 Obermeister der Berliner (Zwangs-)Innung, ab 1910 bis zu seinem Tod im Januar 1920 Vorsitzender des Zweckverbandes der Berliner Bäcker-Innungen. (Sammlung Grumm)

# 11 BÄCKEREIEN IM BERLINER „SPECKGÜRTEL"

Während die Bäcker in Berlin gerade wieder zu einer Innung zurückkehrten, war es in den Städten und Landgemeinden um Berlin herum zu zahlreichen Gründungen von weiteren Bäcker-Innungen gekommen. Neben den älteren Bäcker-Innungen – die 1317 gegründete Spandauer Bäcker-Innung, gefolgt von der Köpenicker (1614) und der Charlottenburger (1711) – hatten sich zwischen 1890 und 1914 auch in Britz, Lichtenberg, Lichterfelde, Mariendorf, Neukölln, Ober-Schöneweide, Pankow, Reinickendorf, Schöneberg-Friedenau, Steglitz, Weißensee, Wilmersdorf und Zehlendorf Bäcker-Innungen gebildet.

Carl Schröder (1853–1939) aus Claushagen in der Uckermark hatte eine Bäckerlehre abgeschlossen und seine Wanderjahre in Brandenburg, z. B. in Templin und Zehdenick, verbracht. Wann es ihn nach Berlin verschlagen hat, ist nicht bekannt, jedenfalls errichtete er

Brotwagen der Bäckerei von Carl Schröder in dem noch sehr ländlichen Mariendorf. (Sammlung Prohassek)

1883 ein kleines Haus mit Backstube in der Dorfstraße 3 (heute Alt-Mariendorf 51). Er hatte zunächst nicht einmal ein Ladengeschäft, sondern lieferte mit seinem Pferdekarren Brot in die benachbarten größeren Siedlungen, z. B. nach Schöneberg. Zusätzlich bewirtschaftete er etwas Ackerland bei Mariendorf.

Schöneberg, ursprünglich auch mal ein Dorf, hatte seit 1871 von der Grenze zu Berlin profitiert und wuchs rasant an. Die Lage Schönebergs an der Ringbahn und seit 1888 auch per Straßenbahn zu erreichen, beschleunigte das Wachstum, 1898 bekam Schöneberg das Stadtrecht verliehen. Es war vor allem das Bürgertum, das hinaus nach Schöneberg zog, und entsprechend repräsentative Wohnhäuser entstanden auch rund um den Innsbrucker Platz. Die Bäckerei in der Ebersstraße 42, die vermutlich mit dem Bau des Wohnhauses entstand, wurde 1912 von Johann Mayr [ab 1914 Mayer] (1886–1964) aus Gundelfingen übernommen, nachdem er in Berlin seine Meisterprüfung absolviert hatte. Die Bäckerei befindet sich mit Karsten Berning in der 4. Generation in Familienhand.

Das Haus von Johann Mayer in der Ebersstraße 42 in Schöneberg wurde 1892 erbaut. (Sammlung Berning)

# 12 ERSTER WELTKRIEG – EINFÜHRUNG DER ZWANGSBEWIRTSCHAFTUNG UND BROTKARTEN

Im Ersten Weltkrieg 1914–1918 erlebte die Bäcker-Innung erstmals im 20. Jahrhundert, was Zwangsbewirtschaftung für das Bäckerhandwerk bedeutet. Im Februar 1915 wurden Brotkarten eingeführt, zwei Monate später legte der Magistrat Höchstpreise für Brot und Schrippen an. Auch die Zusammensetzung des Brotes wurde vorgeschrieben. Ab Februar 1917 war Brötchen- und Kuchenherstellung untersagt. Jede Veränderung der Brotzusammensetzung führte zu neuen Preisverhandlungen zwischen dem Zweckverband der Berliner Bäcker-Innungen und der Abt. Brotversorgung des Magistrats, der das Mehlmonopol besaß. Verteilt wurde das Brot über die Mehlhändler und die Innung, wobei der Markenrücklauf die Basis für die Neuzuteilung von Mehl war. Die Innung belieferte vor allem kleine Bäckereien, denen sie reichlich Kredit einräumte. Außerdem unterstützte sie Bäckersfrauen, deren Männer eingezogen oder gefallen waren, mit Schutzmeistern, die sich um das Backen kümmerten.

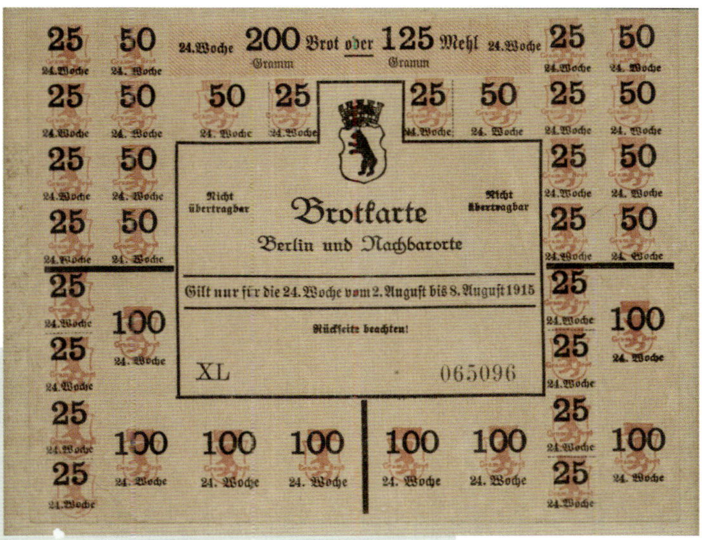


200 Brot
Gramm
125 Mehl
Gramm

Ungenutzte Brotkarte für Berlin und Umgebung, gültig für den Zeitraum vom 2. bis 8. August 1915. (Sammlung BIB)

Brotkarte

# 13 MODERNISIERUNGEN NACH DEM ERSTEN WELTKRIEG

Bis zum Anfang des Ersten Weltkriegs herrschte in Berlin und Umgebung ein Überangebot an Gesellen, sodass es sich für die meisten Bäckereien nicht lohnte, in Bäckereimaschinen wie z. B. Knetmaschinen zu investieren, war doch die menschliche Arbeitskraft billiger. Das änderte sich nach den Erfahrungen des Ersten Weltkriegs, dem seit Januar 1915 geltenden Nachtbackverbot und der Einführung des Achtstundentags auch für Bäckergesellen Ende 1918. Zwar gab es bald wieder bis in die 1930er Jahre hinein zahlreiche arbeitslose Bäckergesellen, aber die seit 1918 geltende Arbeitszeitbegrenzung, die arbeitnehmerfreundliche Politik in der Weimarer Republik und die bis 1929 ständig steigenden Arbeitslöhne machten es jetzt attraktiv, Bäckereimaschinen anzuschaffen, um den Bedarf an Arbeitskräften zu verringern. Vor allem Knetmaschinen hielten nun Einzug in die Bäckereien.

Schauraum für Bäckereimaschinen und -zubehör in der auf Betreiben der Berliner Bäcker-Innung 1918 gegründeten „Einkaufsgenossenschaft der Bäcker und Konditoren Groß-Berlins" (EBK), die von 1926 bis 1945 ihre Räume auf dem Pfefferberg an der Schönhauser Allee 176 hatte. Sie war Hauptanteilseignerin der „Pfefferberg Beteiligungsgesellschaft mbH". Foto 1930er Jahre. (Sammlung Grumm)

# 14 17 BÄCKER-INNUNGEN IN GROSS-BERLIN

Durch die Gründung von Groß-Berlin 1921 war die Stadt gewaltig gewachsen und auf dem neuen Groß-Berliner Stadtgebiet gab es nun 17 Bäcker-Innungen. Schon 1910 hatten diese in und um Berlin den „Zweckverband der Berliner Bäcker-Innungen e. V." gegründet, um gemeinsame Interessen im Ballungsraum zusammen vertreten zu können.

Aber in eine Gesamtberliner Innung aufgehen wollten die einzelnen Innungen nicht – so blieb es bis 1934 bei 17 Innungen im Stadtgebiet.

Anfang 1928 zählten sie zusammen insgesamt 3938 Bäckereien mit 7141 Bäckergesellen, 78 Konditoren und 2986 Lehrlingen.

Stand der Bäcker-Innung Neukölln auf einer Ausstellung 1933, vermutlich im März auf der von den Nationalsozialisten veranstalteten „Frühjahrsmesse" des gewerblichen Mittelstandes auf dem Landesausstellungsgelände Alt-Moabit. (Sammlung Grumm)

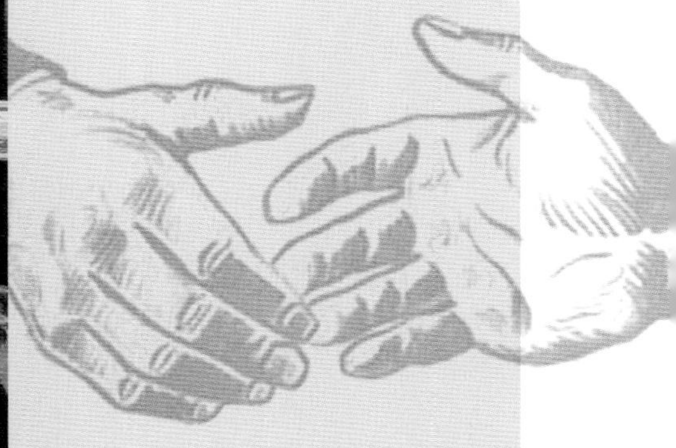

# 15 ZWECKVERBAND DER BERLINER BÄCKER-INNUNGEN 1933

Nachdem die Nationalsozialisten in Deutschland im Januar 1933 ans Ruder gekommen waren, stellten sich die Bäcker-Innungen zwar schnell auf den neuen Ton ein, aber an der Organisation des Zweckverbandes wollten sie nichts ändern. So schrieb Bäckermeister Georg Scheurel, seit März 1933 Vorsitzender des Zweckverbands der Bäcker-Innungen, im Vorwort zum Ende 1933 veröffentlichten „Bäcker=Adreßbuch für Groß=Berlin" noch: „Aber was an diesem Adreßbuch schließlich imponierend wirkt, ist die Tatsache, daß trotz bunter Vielgestaltigkeit der Gliederung alles eine innere Einheit hat. Alle Innungen, Bezirks=, Gesangsvereine, Kegelklubs und Jugendvereine verfolgen dabei einen nützlichen Zweck. Die ganze große Bäckerfamilie hat sich aber in dem Zweckverband die Einheitsverfassung gegeben. So wie dieses Adreßbuch ein Wahrzeichen der Bäckerkunst ist, so möge der Geist, der hinter all den Einzeladressen sich verbirgt, immer ein guter sein. Wir in der Führung werden im Dienste der Pflichterfüllung vorangehen. Arbeit und Streben für die hohen Gemeinschaftsideale soll uns immer wieder beflügeln, den Dienst am Volk und Vaterland zu verrichten, wie ihn das neue erwachte Deutschland fordert."

V.l.n.r. G. Tiska, Reichsfachschaftsleiter, Georg Scheurel, Vorsitzender des Zweckverbandes der Berliner Bäcker-Innungen, Ernst Göttsch, Generalsekretär der Berliner Bäcker-Innung, Hendricks (Funktion unbekannt), N.N., Foto 1933/34. (Sammlung Grumm)

# 16 GLEICHGESCHALTET – HANDWERKER-INNUNG FÜR DAS BÄCKERHANDWERK IN BERLIN 1934

Da es Hitler und den Nationalsozialisten bekanntlich keineswegs um „hohe Gemeinschaftsideale" und „Dienst an Volk und Vaterland" ging, sondern um die Erfassung und Gleichschaltung aller Organisationen, um seinen verbrecherischen Krieg vorzubereiten, gingen sie zielgerichtet und konsequent daran, Gesellschaft und Wirtschaft nach ihren Vorstellungen umzukrempeln und alles dem Führerprinzip unterzuordnen.

Bereits im April 1933 waren die „Richtlinien für die Gleichschaltung der Innungen des Deutschen Reiches" erschienen. Im Sommer 1933 wurde ein NSDAP-Mitglied zum Obermeister der Bäcker-Innung auf einer außerordentlichen Innungsversammlung „gewählt", im folgenden Jahr setzte man Georg Scheurel als Vorsitzenden des Zweckbands der Bäcker-Innungen ab und ernannte ein anderes NSDAP-Mitglied zum Vorsitzenden, eine Wahl hatten die Berliner Bäcker da schon nicht mehr.

Auf Druck der mittlerweile auch unter nationalsozialistischer Leitung stehenden Handwerkskammer stimmten im Dezember 1933 der Zweckverband und im Januar 1934 alle beteiligten Innungen der Fusion zu einer Bäcker-Innung auf Berliner Gebiet zu. Zum 31. März 1934 schloss der Berliner Polizeipräsident alle Bäcker-Innungen des Zweckverbands und errichtete zum 1. April 1934 die „Bäcker-Zwangs-Innung Berlin". Die Mitgliedschaft in dieser Innung war für alle Bäcker verpflichtend. Es dauerte aber noch bis November 1934, bis das neue Innungsgebilde auch ein neues „Statut der Handwerkerinnung für das Bäckerhandwerk in Berlin" bekam. Im Prinzip war der Innung das Selbstverwaltungsrecht genommen worden; sie sollte nur noch als verlängerter Arm der Handwerkskammer dienen. An eine Wahl von Innungsfunktionären war nicht mehr zu denken. Erwartet wurde von den Bäckern, dass sie möglichst im Gleichschritt die angeordneten Maßnahmen umsetzten.

Bäckerlehrlinge und -gesellen bei einem Umzug vor dem Brandenburger Tor, um 1934. (Sammlung Grumm)

# 17 GLEICHSCHALTUNG DES „GERMANIA-CENTRAL-VERBANDES DER DEUTSCHEN BÄCKER-INNUNGEN"

Auch mit der Berliner Bäcker-Innung verbundene Organisationen konnten trotz Hitlergruß, Hakenkreuz und der Beteuerung, für Volk und Vaterland zu agieren, nicht der Übernahme durch die Nationalsozialisten entgehen. 1934 wurde aus dem „Germania-Central-Verband der deutschen Bäcker-Innungen" der Reichsinnungsverband des Deutschen Bäckerhandwerks. Seit 1930 Präsident des Zentralverbandes, wurde Karl Grüßer (1880–1945) nach der Gleichschaltung dieses Verbandes und seiner Umfirmierung in Reichsinnungsverband Reichsinnungsmeister. Auch wenn Grüßer der NSDAP beigetreten war, war er „nur" von außen braun, innerlich aber ein leidenschaftlicher Bäcker, stets darum bemüht, für die Bäcker – und nicht für die nationalsozialistischen Ziele – unter den gegebenen Umständen das Bestmögliche zu erreichen.

Karl Grüßer, Präsident des „Germania-Central-Verbandes der deutschen Bäcker-Innungen", mit gestrecktem Arm zum Hitlergruß bei einer Festveranstaltung in Berlin-Mitte, 1933/34. (Sammlung Grumm)

# 18 EHRET DAS HANDWERK – NATIONALSOZIALISTISCHE UMGARNUNGSVERSUCHE

Die Brotpreise wurden ab 1933 von den neuen Machthabern bei 33 Pf. pro Kilogramm eingefroren. Auch die Getreide- und Mehlpreise waren vom Reichsernährungsministerium festgelegt, stiegen aber in den folgenden Jahren, da die Landwirtschaft angekurbelt werden sollte, ohne dass die Bäcker die Mehrkosten auf den Brotpreis umlegen durften. Als Gegenleistung forderte das Bäckerhandwerk 1934/35, dass wenigstens eine Branchenbereinigung stattfinden müsste und Backwaren nur noch von Bäckereien verkauft werden dürften. Bislang war ein großer Teil des Bäckerbrotes und -kuchens in Lebensmittelgeschäften verkauft worden, die dafür einen Rabatt verlangten. Eine große Werbekampagne der Berliner Einkaufsgenossenschaft der Bäcker und Konditoren sollte die Berliner Bevölkerung dazu animieren, ihr Brot nur noch beim Bäcker zu kaufen. 1935 wurde zwar eine Brotordnung erlassen, die aber kaum den Wünschen des Berliner Bäckerhandwerks entsprach. Es wurde nun den Lebensmittelgeschäften verboten, selbst Brot und Kuchen für den Verkauf zu backen. Der Brotpreis blieb bei 33 Pf. und der den Wiederverkäufern zu gewährende Rabatt wurde auf 12 Prozent festgelegt.

Kauft nur beim Bäcker

Pferdefuhrwerke der „Einkaufsgenossenschaft der Bäcker und Konditoren Groß-Berlins“ (EBK), auf der Templiner Straße in Prenzlauer Berg mit der Werbeaufschrift: „Kauft nur beim Bäcker“ und dem Wappen des Berliner Bäcker-Handwerks, 1934/35. (Sammlung Grumm)

# 19 BERLINER BÄCKEREIEN UNTER DEN NATIONALSOZIALISTEN – FITMACHEN FÜR DEN KRIEG

Schaufenster der Bäckerei Gustav Siebert in Prenzlauer Berg, 1933/34. (Sammlung Siebert)

Gab es bis 1939 neben Brot und Brötchen aller Art zwar weiter Tee- und Sandgebäck, Torten und bunte Stücke sowie Windbeutel und Baiser, so griffen die Nationalsozialisten doch zunehmend in die Bäckerwirtschaft ein.

Brotpreise blieben wie in der Endphase der Weimarer Republik vorgeschrieben, auch die Mehlzusammensetzung, die sich häufig änderte, wurde vorgegeben. Ab 1937 bekamen die Bäcker, selbst wenn ihnen das vielleicht nicht gleich bewusst war, die nationalsozialistischen Kriegsvorbereitungen zu spüren, denn ab März mussten sie monatlich ihren Mehlverbrauch und ihre Mehllagerbestände auf einem Formular melden. Aufgabe der Innung war es, diese Formulare einzusammeln, auszuwerten und an die „Hauptvereinigung der deutschen Getreide- und Futtermittelwirtschaft" weiterzugeben. Ziel dieser Maßnahme sollte es sein, einen Überblick über den Mehlbedarf zu erhalten und dementsprechend Getreide einzulagern, um die Bevölkerung auch in den kommenden Kriegsjahren mit ausreichend Brot zu versorgen. Eier, Milch, Zucker und vor allem Fett wurden bereits ab 1937 bewirtschaftet, ab 1939 musste auch der Zuckerverbrauch zusammen mit dem Mehlverbrauch gemeldet werden. Wenn es mal Sonderkontingente an Fett oder anderen begehrten Backmaterialien gab, war es die Innung, die die Verteilung auf die Mitglieder vornehmen musste.
Die Verwaltung all dieser Verbrauchsmeldungen und der Organisation von Rohstoffen war zur Hauptaufgabe der Berliner Bäcker-Innung geworden.

# 20 ZWEITER WELTKRIEG – ERNEUT ZWANGSBEWIRTSCHAFTUNG UND LEBENSMITTELKARTEN

Nach dem Überfall auf Polen am 1. September 1939 wurde vieles sofort rationiert. Ab 25. September 1939 wurde die „Reichsbrotkarte“ für den Bezug von Brot und Mehl eingeführt. Für die Bäcker hieß es, dass sie nur noch Brot auf Marken verkaufen durften, und für die Bäckersfrauen und Verkäuferinnen bedeutete es, dass sie wieder Marken sammeln mussten, die dann beim Ernährungsamt gegen einen Mehlbezugsschein umgetauscht wurden. Zusätzlich mussten sie einen Mehlvorrat für drei Wochen bei sich lagern. Die dafür nötigen Lager hatten sie schon seit 1938 eingerichtet, als erstmals die Einlagerung von Mehlbeständen angeordnet worden war.

Im Gegensatz zum Ersten Weltkrieg war die Brotversorgung der Bevölkerung besser, erst ab März 1945 fiel die Wochenration kleiner als 2 kg aus.

Was die Qualität betraf, war es anders. Bereits in der zweiten Hälfte der 1930er Jahre waren Mehltypen und Ausmahlung je nach Ernteausfall sehr unterschiedlich und stellten die Bäckermeister vor hohe Anforderungen, trotzdem noch gutes Brot herzustellen. 1936 schon hatte die Innung eine „Brothilfe“ für die Bäcker eingerichtet, die die Meister bei Backproblemen, z. B. bei der Sauerteigführung, beriet. Ein Jahr später richtete sie sogar im Innungshaus in der Krautstraße ein eigenes Laboratorium für Brotuntersuchungen ein.

## Reichsbrotkarte

Grundkarte einer vom Ernährungsamt herausgegebenen Reichsbrotkarte, gültig vom 29.7. bis 25.8.1940, mit einigen nicht genutzten Brotabschnitten. Die 50g-Marken waren für Brötchen gedacht. (Museum Berlin-Karlshorst)

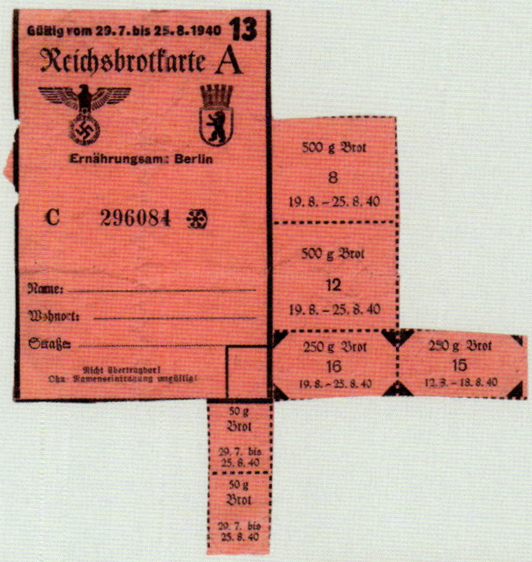
Gültig vom 29.7. bis 25.8.1940 13
Reichsbrotkarte A
Ernährungsamt Berlin
C 296084
Name:
Wohnort:
Straße:
Nicht übertragbar! Ohne Namenseintragung ungültig!
500 g Brot 8 19.8.–25.8.40
500 g Brot 12 19.8.–25.8.40
250 g Brot 16 19.8.–25.8.40
250 g Brot 15 12.8.–18.8.40
50 g Brot 29.7. bis 25.8.40
50 g Brot 29.7. bis 25.8.40

Grundkarte einer vom Ernährungsamt herausgegebenen Reichsbrotkarte, gültig vom 21.8. bis 7.9.1944, deren Abschnitte alle verbraucht waren. (Museum Berlin-Karlshorst)

Abgelagertes Brot ist ergiebiger und bekömmlicher
Reichsbrotkarte B
Gültig vom 21.8. bis 17.9.1944
66
An Stelle von 100 g Brot können 75 g Weizenmehl oder Weizenvollkornschrot bezogen werden
485
712660 E
Ernährungsamt Berlin
Name:
Wohnort:
Straße:
Ohne Namenseintragung ungültig! Nicht übertragbar!

# 3.

## Berliner Bäcker und ihre Innung 1945 bis 1951

Der notdürftig wieder hergerichtete Laden der Bäckerei Hillmann in dem völlig ausgebombten Haus am Hindenburgdamm 93 in Berlin-Lichterfelde. Gebacken wurde im Keller des Hauses. Foto 1945. (Sammlung Hillmann)

# 21 NEUBEGINN IN RUINEN

Der von Deutschland ausgehende Zweite Weltkrieg kehrte nach Berlin zurück, als die Alliierten ab 1943 Bombenangriffe auf die Reichshauptstadt flogen. Etliche Bäckereien, wie z. B. die von Reinhold Grumm in der Lehrter Straße oder die von Helmut Klinner in Weißensee, wurden völlig zerstört, anderen gelang es, trotz der Zerstörungen den Backbetrieb aufrechtzuerhalten. Nannte das Adressbuch der Bäckermeister Groß-Berlins 1937 fast 4000 Bäckereien, so gab es 1946 noch rund 2700 Bäcker in der ganzen Stadt.

Liebe Kunden,

unser Familienbetrieb, der nun seit 1931 in der 3. Generation fortbesteht, hat seine Wurzeln in einer Uckermärker Landbäckerei.

1931 übernahm unser Großvater Georg Hillmann sen. in Berlin die kleine Bäckerei am Hindenburgdamm 93a, die heute immer noch Firmensitz ist.

1945 backte Georg Hillmann in der Kellerbäckerei unter dem Schutt der Ruine und war für die Lichterfelder Nachbarn eine Überlebensstation.

Bald schon wurde der Betrieb durch erste Filialen größer. Und als die nächste Generation, die Söhne Georg jun. und Michael Hillmann mit Ihren Ehepartnern, im elterlichen Handwerksbetrieb tätig wurde, kamen weitere Filialen dazu.

Unsere Familie hat sich mit ihrer handwerklichen Bäckerei den Veränderungen und Entwicklungen nicht verschlossen. So erwarb sie bereits in den1970er Jahren eine Biolizenz für Vollwertbackwaren.

Dazu gehörte eine eigene Mühle, in der heute noch täglich Getreide aus biologischem Anbau für einige köstliche Backwaren mit dem hohen Anteil an Vitalstoffen geschrotet wird.

Georg Hillmann sen.

Ruine der ausgebrannten Bäckerei

Bäckermannschaft 1949

Besonders wichtig sind für uns handwerkliche Tradition und Einhaltung der alten Rezepte. Denn die Herstellung der vielseitigen Gebäcke in Bäckerei und Konditorei stellen ein großes Maß an Lebensqualität dar. Vieles davon kann die industrielle Fertigung durch Einsatz von Maschinen nicht realisieren.

Qualität heißt für uns, stets nur die besten Rohstoffe und Zutaten zu verwenden. Unsere Backwaren entstehen in lebendigen Prozessen und in handwerklicher Teamarbeit.

Mit Ihrem Kauf erhalten und schaffen Sie kreative Arbeitsplätze.

Ihre Claudia und Matthias Hillmann

Hillmann ...der Familienbäcker!

2021 feierte die Bäckerei Hillmann in Lichterfelde ihr 90-jähriges Jubiläum. Dafür bedruckte sie eine Brötchentüte mit wichtigen Ereignissen im Leben dieser Bäckerei. Dazu zählte die Fortführung des Backbetriebs 1945 im Keller des zerbombten Hauses am Hindenburgdamm 93. Leider stellte auch diese Bäckerei 2023 ihren Geschäftsbetrieb ein. (Sammlung Hillmann)

# 22 NEUSTART DER INNUNG – HERMANN DREWITZ ALS MOTOR

Nach dem Zweiten Weltkrieg wurde in der Viersektorenstadt Berlin die Einrichtung „Innung" selbst zunächst nicht infrage gestellt. Zu sehr war man beim Wiederaufbau der Infrastruktur und der Nahrungsversorgung auf das Organisationsvermögen dieser Einrichtungen angewiesen. Aber wie schon unter den Nationalsozialisten sollten sie nur die Machtinhaber bei der Organisation unterstützen, als Interessenvertretung ihres Handwerks wurden sie nicht behandelt.

Statt der Handwerkskammer wurde im August 1945 von dem von der sowjetischen Besatzungsmacht eingesetzten Magistrat das Ressort Handwerk in der Abt. Handel und Handwerk eingerichtet. Es hatte erst einmal dafür zu sorgen, die Innungsleitungen mit politisch unbelasteten und dem neuen Magistrat genehmen Personen zu besetzen. Obermeister der Bäcker-Innung wurde Erich Kränkel, ein Charlottenburger Bäckermeister, der zuvor nicht in der Innungsarbeit aktiv gewesen war. Seine Qualifikation lag darin, dass er KPD- bzw. ab April 1946 SED-Mitglied war und auch die Interessen dieser Partei(en) vertrat.

Im Januar 1946 wurde Hermann Drewitz (1887–1955), der seine Bäckerei in Zehlendorf betrieb, zum Obermeister der Bäcker-Innung gewählt. Wie viele Berliner Bäcker an dieser Wahl beteiligt waren, ist leider nicht bekannt. Sie wurde sowieso nicht vom Magistrat anerkannt, da Drewitz CDU-Mitglied war und mit den kommunistischen Vorstellungen von Wirtschaft nichts am Hut hatte. Nachdem nach den Magistratswahlen im Oktober 1946 eine SPD/CDU/LDP-Koalition und nicht mehr die SED im Rathaus das Sagen hatte, konnte Drewitz bei einer erneuten Wahl im Juli 1947 dann endlich auch offiziell sein Amt antreten.

In seine Amtszeit fielen die Wiederbelebung und Neukonstituierung der Innung als Interessensvertretung des Berliner Bäckerhandwerks – ab 1951 nur noch in den Westberliner Sektoren –, die Neueinteilung der Bezirksinnungen, die Gründung des Bäcker-Verlags, der Erwerb des Innungshauses in der Kärntener Straße und die Einrichtung der Fachschule. Vor dem Zweiten Weltkrieg noch nicht in der Innungsarbeit aktiv gewesen, war Drewitz als Mitbegründer der Wirtschaftspartei 1919 und bis 1932

Obermeister Hermann Drewitz (1887–1955). Grafik aus dem Bericht über die Eröffnung der Fachschule in der „Neue Bäckerzeitung" vom 20. Juli 1952. (Zentral- und Landesbibliothek Berlin)

Abgeordneter im Reichstag ein leidenschaftlicher Kämpfer für die Interessen des Handwerks im Allgemeinen und ab 1945 auch die der Bäcker-Innung Berlin.

Wie unklar damals die Rechtslage und die Zuständigkeiten für die offiziellen Bäckerprüfungen waren, zeigen z. B. der Lehrbrief und das Prüfungszeugnis für Karl Heinz Prohassek. Nach einer Lehre in der väterlichen Bäckerei in Friedenau war er 1938 Offizier geworden, statt die Gesellenprüfung zu leisten. 1946 zurück aus britischer Kriegsgefangenschaft, übernahm er die stillgelegte Bäckerei seines Schwiegervaters Albert Schröder in Mariendorf, der nach dem Krieg von marodierenden sowjetischen Soldaten umgebracht worden war. Der Lehrbrief aus dem März 1946, ist unterschrieben von Erich Kränkel, dem vom KPD-beherrschten Magistrat eingesetzten Obermeister, statt des Lehrlingswarts stempelte der FDGB das Dokument ab.

Auch das Gesellen-Prüfungszeugnis aus dem gleichen Monat ist auffällig, trägt es doch den Stempel der „Bäcker- und Konditoren-Innung Berlin", die es offiziell gar nicht gab. Mit diesem Namen, mit dem vor allem Hermann Drewitz die Innung schmückte, sollte der Anspruch bestätigt werden, dass die Konditoren wie in der von den Nationalsozialisten gebildeten „Handwerker-Innung für das Bäckerhandwerk in Berlin" weiter Mitglied der Bäcker-Innung waren. Die vorläufige Innungs-Satzung von 1947 und die von 1949 galten aber nur für die „Bäcker-Innung Berlin", doch schon 1947 hatte sich auch wieder die Berliner Konditoren-Innung konstituiert. Bis in die 1950er Jahre hinein schrieb die seit 1948 von Drewitz ins Leben gerufene Bäckerzeitung nur von der „Bäcker- und Konditoren-Innung Berlin", was die Konditoren gar nicht erfreute und die Beziehungen der beiden Innungen lange Zeit belastete.

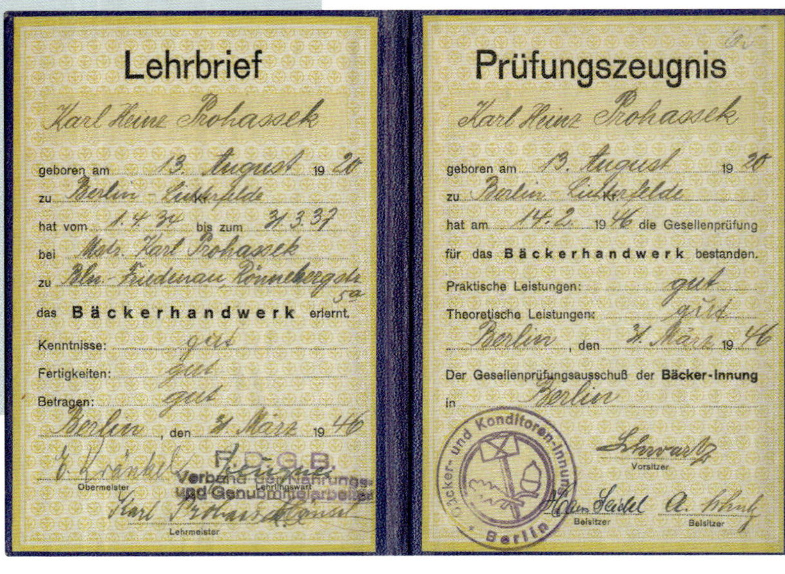
Lehrbrief
Karl Heinz Prohassek
geboren am 13. August 1920
zu Berlin-Lichterfelde
hat vom 1.4.34 bis zum 31.3.37
bei Mstr. Karl Prohassek
zu Bln.-Friedenau Rönnebergstr. 5a
das Bäckerhandwerk erlernt.
Kenntnisse: gut
Fertigkeiten: gut
Betragen: gut
Berlin, den 31. März 1946
E. Kränkel — Obermeister
FDGB Verband der Nahrungs- und Genußmittelarbeiter — Lehrlingswart
Karl Prohassek — Lehrmeister

Prüfungszeugnis
Karl Heinz Prohassek
geboren am 13. August 1920
zu Berlin-Lichterfelde
hat am 14.2.1946 die Gesellenprüfung
für das Bäckerhandwerk bestanden.
Praktische Leistungen: gut
Theoretische Leistungen: gut
Berlin, den 31. März 1946
Der Gesellenprüfungsausschuß der Bäcker-Innung in Berlin
Bäcker- und Konditoren-Innung Berlin
Schwarz — Vorsitzer
Beisitzer — Beisitzer

Lehrbrief und Prüfungszeugnis von Karl-Heinz Prohassek (1920–2008). (Sammlung Prohassek)

# 23 INNUNG OR NOT INNUNG – THAT'S THE QUESTION

In Berlin befand sich alles aufgrund der besonderen politischen Situation der Viersektorenstadt in der Schwebe. Es war eigentlich klar, dass neue Satzungen für die Innungen in Berlin hermussten, da die zuletzt erlassenen von den Nationalsozialisten diktiert worden waren. In der sowjetischen Zone war das 1946 schon anders gelöst worden, indem zwar wieder Handwerkskammern eingerichtet, aber die Innungen durch „Berufsgruppen" ersetzt worden waren. Anfang 1947 reichte die Bäcker-Innung eine neue (vorläufige) Satzung ein, die vom Magistrat, der zu der Zeit von einer SPD-CDU-LPD-Koalition regiert wurde, genehmigt wurde. Allerdings blieb weiterhin ungeklärt, wer nun die Meisterprüfungen abnehmen sollte, denn seit 1900 war dafür die Handwerkskammer zuständig gewesen, die es nun nicht mehr gab.

Die Bäcker-Innung beschloss trotz der rechtlich ungesicherten Lage, Meisterprüfungen durchzuführen und auch die Meisterbriefe auszustellen – ohne Handwerkskammer. Dies war von den Behörden zunächst weder genehmigt noch verboten. Vorsichtshalber stellte die Innung diese Briefe aber nicht als Bäcker-Innung aus, sondern als „Meisterprüfungsausschuss für das Bäckerhandwerk in Berlin". Da es auch an einer neuen Handwerksgesetzgebung in Berlin fehlte, berief sie sich dabei weiterhin auf die Gewerbegesetzgebung des Dritten Reichs.

Meister-Brief

Herr Hans Pöhler,

aus Berlin geboren am 07. Januar 1921 zu Berlin-Spandau

hat heute vor dem unterzeichneten Prüfungsausschuß nach den bestehenden Prüfungsvorschriften gemäß Reichs-Gewerbe-Ordnung §133 die Meisterprüfung im Bäcker-Handwerk bestanden.

Zum Ausweis hierüber wird dieser Meisterbrief ausgestellt.

Berlin, den 12. August 1947.

Der Meisterprüfungsausschuß für das Bäckerhandwerk in Berlin.

Vorsitzer: gez. Johannes [illegible] Beisitzer: gez. Anton Patzek gez. Alfred Schwabe.

Meisterbrief für Hans Pöhler aus Spandau vom 12. August 1947. (Sammlung Grumm)

# 24 EINE BÄCKER-INNUNG FÜR GANZ BERLIN

Dazu schreibt die (Ost-) CDU-nahe Tageszeitung „Neue Zeit" unter der Überschrift „Kuchenparadies am Funkturm": „Einer der wenigen Berufsverbände, die die Einheit ihrer Organisation trotz der Spaltung aufrechterhielten, war die Bäcker-Innung, der es deshalb auch möglich geworden ist, erstmalig wieder in den Messehallen am Funkturm eine Gesamtberliner Ausstellung zu veranstalten. Ost- und Westmagistrat haben durch Zuteilungen gemeinsam dazu beigetragen, dass die Bäcker aus Ost- und Westberlin sich zehn Tage lang täglich frisch mit ihren besten Friedensleistungen vor dem Publikum produzieren können. [...] Auf 12 000 qm Ausstellungsfläche ist die Bäckerausstellung die erste größere Fachmesse nach dem Kriege. Führende Betriebe aus ganz Deutschland sind mit allem vertreten, was der Bäcker für sein Handwerk braucht."

Während der Berlin-Blockade, die von Juni 1948 bis Mai 1949 andauerte, zeichnete sich die Spaltung der Stadt immer deutlicher ab. Im September 1948 etablierte sich ein Westberliner Magistrat, sodass die Innung nun zwei Ansprechpartner hatte, vor allem bei der Mehlversorgung wegen der unterschiedlich geltenden Lebensmittelrationen, ein Ernährungsamt des Ostberliner und eins des Westberliner Magistrats. Die Innung eröffnete daraufhin eine Zweigstelle in Westberlin und beschloss, zukünftig zwei stellvertretende Obermeister zu bestellen, einen aus West- und einen aus Ostberlin. Innungszentrale blieb aber bis zur Enteignung im März 1951 das Innungshaus in der Ostberliner Chausseestraße.

Im Juli 1949 gab sich die Bäcker-Innung Berlin eine neue Satzung, die – vom Westberliner Magistrat genehmigt – nach Auffassung der Bäcker-Innung für alle 20 Berliner Verwaltungsbezirke galt. Es sollte noch bis 1954 dauern, bis sich der politische Status Westberlins so gefestigt hatte, dass die bundesrepublikanische Handwerksordnung übernommen und die Innung, schon nur noch für Westberlin zuständig, wieder als Körperschaft des öffentlichen Rechts anerkannt wurde.

Im Oktober 1949 fand eine große Bäckereiausstellung in den Messehallen am Funkturm statt. (Sammlung Godefroid)

# 25 NEUGLIEDERUNG DER INNUNGSBEZIRKE

Bestanden vor der Zwangsvereinigung 1934 auf dem Berliner Stadtgebiet 17 Bäcker-Innungen, hatten die Nationalsozialisten angesichts der großen Zahl von Innungsmitgliedern auch kleinere Untereinheiten geschaffen, indem sie jeweils die Bäcker von zwei Berliner Verwaltungsbezirken zu einem Innungsbezirk zusammenfassten, ohne Rücksicht auf die vorher geltenden Innungsbereiche der alten 17 Bäcker-Innungen. Geleitet wurden diese „Bezirks-Innungen" jeweils von einem Bezirksvorstand, bestehend aus Bezirksmeister, Schriftwart, Kassenwart und Lehrlingswart.

Die sich neu konstituierende Bäcker-Innung nach 1945 behielt die Bezirks-Innungen bei, wobei jetzt aber jeder der 20 Berliner Verwaltungsbezirke einen eigenen Innungsbezirk mit eigenem Bezirks-Innungsvorstand bekam.

# 26 NEUER START FÜR DEN FACHVEREIN

Auch die alten Fachvereinler fanden schnell wieder zusammen und beschlossen eine Neugründung des Vereins und die Wiederaufnahme der Aktivitäten. Am 8. November 1949 nahm der Verein offiziell seine Tätigkeit auf und bezog 1951 Räume im Innungshaus in der Kärntener Straße. Seine Veranstaltungen fanden teilweise bis in die 1960er Jahre hinein so viel Zulauf, dass der Meistersaal in der Kärntener Straße nicht ausreichte und größere Räume angemietet werden mussten. Es wurden Senatoren und Politiker, Wissenschaftler und Techniker eingeladen, die alle gern kamen, vertrat das Bäckerhandwerk mit seinen 2500 Innungsmitgliedern (Stand: 1950) doch eine wichtige Wirtschaftsgruppe in Berlin. Fachvorträge über Gebäcke und deren Herstellungsweisen von Fachvereinskollegen, Back-Instituten und Backmittel-Firmen ergänzten das Vortragsangebot.

Vortrag bei einer Veranstaltung des Fachvereins im Meistersaal des neuen Innungshauses der Berliner Bäcker-Innung in der Kärntener Straße im Jahr 1951. Rechts vom Redner: Richard Grumm (1912–1991), Mitbegründer des „neuen" Fachvereins, zunächst 1949 bis 1951 dessen stellvertretender Vorsitzender, dann 1951–1954 sowie 1958–1962 Vorsitzender. (Sammlung Grumm)

# 4.

# Bäcker in Westberlin 1950 bis 1990

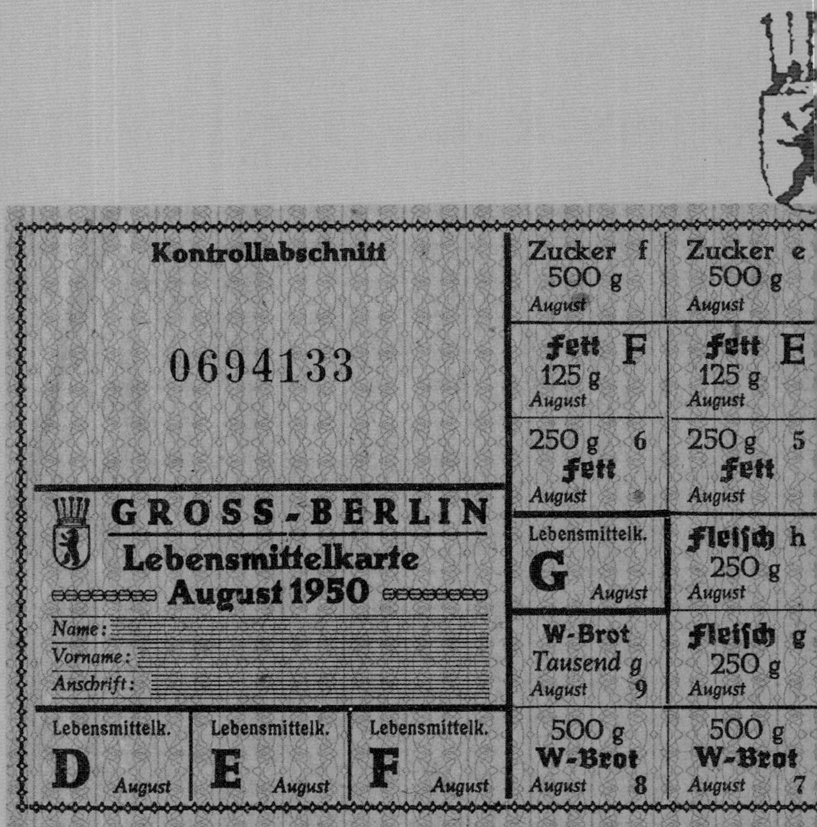

Eine der letzten ausgegebenen Lebensmittelkarten in Westberlin, gültig für Juli und August 1950. Zu dieser Zeit war die Zwangsbewirtschaftung mit ihren Lebensmittelkarten schon abgeschafft, aber trotzdem waren die Karten noch ausgegeben worden – mit der Aufforderung, sie aufzuheben, falls wieder zur Zwangsbewirtschaftung zurückgekehrt werden müsste, z. B. im Falle einer erneuten Westberlin-Blockade durch die DDR. (Sammlung Prohassek)

GROSS-BERLIN

Lebensmittelkarte

| | | | | |
|---|---|---|---|---|
| Zucker a 500 g Juli | Zucker b 500 g Juli | Zucker c 500 g Juli | 250 g 1 Fett Juli | Fett A 125 g Juli |
| GROSS-BERLIN Lebensmittelkarte Juli 1950 | | | 250 g 2 Fett Juli | Fett B 125 g Juli |
| Name: Vorname: Anschrift: | | | 250 g 3 Fett Juli | Fett C 125 g Juli |
| ISD Nr. 945 Staatsdruckerei Berlin | | | Fleisch d 250 g Juli | Fleisch b 250 g Juli |
| Lebensmittelk. A Juli | Lebensmittelk. B Juli | Lebensmittelk. C Juli | Fleisch c 250 g Juli | Fleisch a 250 g Juli |
| 500 g W-Brot Juli 5 | 500 g W-Brot Juli 4 | 500 g W-Brot Juli 3 | 500 g W-Brot Juli 2 | 500 g W-Brot Juli 1 |

# 27 AUFHEBUNG DER ZWANGSBEWIRTSCHAFTUNG

Mitte Mai 1945 waren auf Befehl des damaligen sowjetischen. Stadtkommandanten Nikolai Bersarin (1904–1945) Lebensmittel rationiert und dafür Lebensmittelkarten eingeführt worden. Zunächst wurde nur die Herstellung von Brot gestattet. Ab Ende September 1946 war es wieder erlaubt, Brötchen zu backen und zu verkaufen. Das Kleingebäck sollte 45 g wiegen und durfte nur aus dem gleichen Mischbrotteig wie das Brot abgebacken werden. Ab Oktober 1946 durften von allen Karteninhabern – in begrenztem Maß – wieder Backwaren aus Weißbrot gekauft werden, und zwar 20 Prozent des ihnen zustehenden Backwarenkontingents.

Es sollte noch ein weiteres Jahr dauern, bis im Dezember 1947 der Kuchenverkauf an Sonnabenden gestattet wurde, allerdings nur Zuckerkuchen und Kuchenbrötchen. Eigene Rezepte waren den Bäckern untersagt, die Zusammensetzung der Kuchen war vorgeschrieben. Trotz aller Spannung verbesserte sich die Ernährungslage in Berlin und damit auch die Situation der Bäcker. Im ersten Halbjahr 1948 durfte das Kuchenangebot erweitert werden. Nach wie vor war es den Bäckern nicht gestattet, nach eigenen Rezepten zu backen, aber sie durften, in Bezug auf Zusammensetzung und Preis, den Vorschriften des Haupternährungsamtes folgend, nun Blechkuchen, Stollen, Kranzstangen und sogar Torten backen. Zum Ausklang des Jahres 1948 gab es zum ersten Mal wieder seit Kriegsbeginn in den Westberliner Bezirken Silvesterpfannkuchen. Für die Ostberliner Bäcker galten noch immer strengere Bestimmungen.

In Westberlin lief die Zwangsbewirtschaftung mit den damit verbundenen Lebensmittelkarten im Mai 1950 aus. In Ostberlin sollte es noch bis Mai 1958 dauern, bis die Markenwirtschaft restlos aufgehoben wurde.

GROSS-BERLIN
Lebensmittelkarte
August 1950
Name:
Vorname:
Anschrift:

| Lebensmittelk. | Lebensmittelk. | Lebensmittelk. |
|---|---|---|
| D August | E August | F August |

Auschnitt aus einer der letzten ausgegebenen Lebensmittelkarten in Westberlin, gültig für Juli und August 1950. (Sammlung Prohassek)

# 28 KAMPF GEGEN „OSTDUMPING" 1950–1952

Ab September 1950 boten die Ostberliner HO-Läden (die Abkürzung für Handelsorganisation) markenfreies Brot an, das auch an Westberliner verkauft wurde. Durch den von der DDR bekämpften Wechselkurs 1:5 war das Brot erheblich billiger als in Westberlin. Hatten während der Berliner Blockade nur wenige Westberliner ihre Lebensmittel im Ostsektor besorgt, da man sich dafür in Ostberlin registrieren lassen musste, so nutzten nun viele aus den Westsektoren die Möglichkeit, billiger Brot zu kaufen, was zu einem massiven Absatzrückgang bei den Westberliner Bäckern führte. 50 Prozent weniger Absatz soll es 1951 gewesen sein, was viele an den Rand des Konkurses brachte.

Wenn es sich nicht nur um eine Übertreibung von Obermeister Drewitz handelte, dass die Zahl der im Westberliner Bäckerhandwerk Beschäftigten von 10 000 auf 3000 zurückgegangen sei, also 7000 Arbeitsplätze allein in den Bäckereien und Brotfabriken verloren gegangen waren, war dieses Ostdumping aus DDR-Sicht tatsächlich ein erfolgreiches Mittel, die Westberliner Wirtschaft zu untergraben.

Die DDR verfolgte damit mehrere Ziele: Mit der fast täglichen Berichterstattung in der DDR-Presse, wie schlecht es den Bäckern in den Westsektoren gehe, wollten sie natürlich zum einen demonstrieren, dass das sozialistische System viel besser sei als das im Westen, zum anderen Bäcker in Ostberlin abschrecken, in Westberlin zu arbeiten oder gar dorthin überzusiedeln.

Scheinheilig bot der Ostberliner Magistrat an, HO-Brot in Westberlin backen zu lassen und dort zu verkaufen, „um den Westberlinern Bäckern zu helfen und der Westberliner Bevölkerung weite Wege beim Einkauf von Brot bei der HO zu ersparen" wie die Berliner Zeitung am 15. Oktober 1950 berichtete. Der „Verkauf von Brot in Westberlin gegen Deutsche Mark der Deutschen Notenbank [DDR-Mark!]" bedeute „einen ersten Einbruch in das betrügerische Währungsverhältnis und damit den ersten Schritt zur Wiedergesundung

Teilnehmer an einer Protestkundgebung der Westberliner Bäcker gegen das „Ostdumping" auf einem LKW der Spandauer Bäcker-Einkaufsgenossenschaft, 1951/52. (Sammlung Berning)

der Westberliner Wirtschaft", hieß es schon am 11. Oktober in derselben Zeitung. D. h., die DDR wollte auch auf diesem Wege erreichen, dass in Westberlin ein amtlicher Wechselkurs von 1:1 zwischen DM und Ostmark festgesetzt werde.

Der Westberliner Senat ließ sich auf dieses „Angebot" nicht ein, unternahm aber auch nichts, um seine Bäcker und andere vom Ostdumping betroffene Handwerks- und Lebensmittelbetriebe zu schützen, um nicht die Bevölkerung zu verärgern. Da halfen auch mehrere Protestveranstaltungen nicht. Das Problem löste sich erst, als in Ostberlin Teile der Bevölkerung zu protestieren begannen, dass die Westberliner alles wegkauften. Ab Herbst 1952 untersagte die DDR deshalb Westberlinern den Einkauf in Ostberlin.

Es dürfte wegen der Erfahrungen von 1950 bis 1952 gewesen sein, dass ein Teil der älteren Bäcker in Westberlin – in Unkenntnis der Situation des Backhandwerks in Ostberlin – sich nach dem Mauerfall erst einmal sorgte, dass es wieder zu einem Ostdumping kommen könne.

Neue Bäcker-Zeitung

Verlag: Neuer Bäcker-Verlag G. m. b. H. | Berlin-Schöneberg, Maxstraße 8 / Telefon: 71 44 72

NUMMER 13 · 4. JAHRGANG | BERLIN, 5. JULI 1951

Erscheint am 5. und 20. jeden Monats | Bezugspreis vierteljährlich 3.— DM zuzügl. Bestellgeld

„Handwerksnot bedeutet Lehrlingstod"

„Wer im Osten kauft sein Brot, ist selbst Schuld an unserer Handwerksnot"

Unter diesen und ähnlichen Leitsätzen auf Transparenten ging der Demonstrationszug der Kreuzberger Bäcker am 21. 6. 1951 durch die Straßen an der Sektorengrenze und quer durch den Bezirk vonstatten, an dem auch zahlreiche Berufsangehörige aus anderen Bezirken teilnahmen. Besonders stark war der Bezirk Wilmersdorf vertreten. Etwa 300 bis 400 Lehrlinge in Berufskleidung und eine Anzahl Meister und Gesellen marschierten im Zuge mit, der angeführt wurde von unserem Obermeister Hermann Drewitz und Bezirksbürgermeister Kreßmann. Der Kollege Schreiber, Kreuzberg, war der Organisator des Protestzuges, bei dem selbstverständlich auch Bezirksobermeister Kauf im HO-Laden zum Werkzeug der SED und der Russen wird. Nur so können wir unsere Wirtschaft erfolgreich behaupten. Jeder Kauf im Osten unterstützt ein politisches System, das uns die Freiheit nimmt. Es ist die Pflicht der Politiker, dem Volk Brot und Arbeit zu geben. Dazu ist aber die Solidarität der Bevölkerung nötig. Alle müssen bedenken, daß jedes Ostbrot der Untergang unserer persönlichen und politischen Freiheit bedeutet.

Anschließend sprach unser Obermeister Hermann Drewitz, indem er zunächst den Berufsangehörigen für ihr Erscheinen dankte und darauf hinwies, daß diese Aktion erst eine Teilaktion darstellt. Er machte klar, daß das Geld, das die Leute nach dem Osten tragen, bewirkt, daß die Stadt keine Steuern mehr bekommt, und damit sind alle sozialen Einrichtungen verloren. Das trifft besonders auch für die Nachwuchsausbildung zu. 23 000 junge Menschen suchen z. B. eine Lehrstelle, und die Eltern wissen nicht, wo ihre Kinder unterkommen sollen. Ohne genügenden Umsatz und insbesondere Brotabsatz können wir aber keine Lehrlinge beschäftigen. Das Westberliner Bäckerhandwerk hat im Vorjahr noch 10 000 Menschen beschäftigt, jetzt dagegen nur noch 3000. Diese Arbeitslosigkeit haben wir der Kurzsichtigkeit unserer Mitbürger zuzuschreiben.

Die nebenstehenden Abbildungen geben einen interessanten Ausschnitt aus dem Protestmarsch wieder.

Auf zur Großkundgebung am 18. Juli um 15 Uhr!

Wehner und sein Stellvertreter Hirche an der Spitze mit marschierten.

Der Zug nahm seinen Ausgangspunkt an der Wiener Str. 45 (Nähe Wiener Brücke an der Sektorengrenze), wo auf einem Podium vor einer Grenzbäckerei zunächst Bürgermeister Kreßmann darauf hinwies, daß es Pflicht der Bevölkerung sei, an die sozialen Belange und damit an unsere Wirtschaft zu denken. Wir haben den schwarzen Markt erfolgreich bezwungen, wir haben gegen die HO gekämpft, die der Ausverkauf der Freiheit der Bevölkerung ist, und wir müssen auch gegen das Ostdumping kämpfen, sagte er. „Ich war oft betrübt darüber", betonte er weiterhin, „daß die Bevölkerung in Westberlin nicht begriffen hat, daß jedes Brot aus dem Osten ein politisches Brot ist." Es ist ein Verbrechen an allen, wenn die Bevölkerung nicht begreift, daß jeder

Aufwertung der privaten Renten auch in Berlin?

Die Bundesregierung hat am 12. Juni d. J. das Gesetz über die Aufwertung der privaten Renten verkündet, wonach Renten bis 70 RM monatlich voll in DM, zwischen 70 und 100 RM zur Hälfte und über 100 RM zu einem Zehntel ab 1. April d. J. von den Versicherungsgesellschaften zu zahlen sind. Damit kommen in Westdeutschland auch die Rentner der Pensionskasse des Bäckerhandwerks in den Genuß der erhöhten Bezüge. Um auch den Berliner Rentnern die gleichen Aufwertungen ihrer Rente zu schaffen, lag dem Berliner Abgeordnetenhaus eine große Anfrage bezüglich dieses Gesetzes vor, ob der Senat mit den zuständigen Stellen der Bundesregierung die Verhandlungen aufgenommen hat. Der Senator Dr. Hertz hat in der 10. Sitzung des Berliner Abgeordnetenhauses vom 5. April erklärt, daß entsprechend der grundsätzlichen Einstellung Berlins, daß der Westber-

Titelseite „Neue Bäcker-Zeitung" vom 5. Juli 1951 mit einem Bericht über die Protestveranstaltung vom 26. Juni 1951 und die Aufforderung, auch an einer für den 18. Juli geplanten Großkundgebung teilzunehmen. (Zentral- und Landesbibliothek Berlin)

# 29 DAS „AUS" FÜR DIE BÄCKER-INNUNG IN OSTBERLIN IM MÄRZ 1951

Nach der Spaltung des Berliner Magistrats im September 1948 und der Gründung der beiden deutschen Staaten BRD und DDR 1949 war eigentlich klar, dass auch Berlin trotz – oder wegen – seines Viermächtestatus auseinanderbrechen würde.

Im Frühjahr 1950 erschien das bis 1996 letzte gemeinsame Adressbuch der Bäckermeister Groß-Berlins. Stolz wurde darauf verwiesen, dass man immer noch eine Innung sei. Es gab laut diesem Adressbuch 1505 aktive Mitglieder in Westberlin und 994 in Ostberlin.

Am 19. August 1950 wurde das „Gesetz zur Förderung des Handwerks vom 9. August 1950" im Gesetzblatt der DDR veröffentlicht. Im §21 des neuen Handwerksgesetzes heißt es: „(1) Die Landeshandwerkskammern sind Rechtsnachfolgerin aller früheren Handwerksvertretungen ihres Bereiches. (2) Das Vermögen der früheren Innungen und anderer Rechtsvorgänger geht auf die Landeshandwerkskammer über." Trotz Sonderstatus der Viersektorenstadt Berlin wurde dieses Handwerksgesetz im März 1951 auch auf den Ostsektor übertragen und bereits am 25. März 1951 die Mitgliedschaft in Innungen verboten sowie der Innungsbesitz der Bäcker, d. h. die beiden Innungshäuser, in Ostberlin enteignet.

Das Verbot der Innung und ihre Enteignung in Ostberlin kamen nicht unerwartet. So stand die drohende Spaltung der Innung auch auf der Tagesordnung der letzten gemeinsamen Innungsversammlung vor November 1990, im Februar 1951. Nicht damit gerechnet hatte man wohl, dass die Beschlagnahmung schon im März 1951 stattfinden würde. Deshalb war noch nicht begonnen worden, rechtzeitig Einrichtungsgegenstände, Schriftgut etc. nach Westberlin zu verlagern.

Die Innung hatte sich aber bereits auf die Suche nach einem geeigneten Innungshaus in Westberlin gemacht und war fündig geworden. Am 30. März 1951 konnte mit der Telefunken-AG der Kaufvertrag für den 1895 errichteten Gebäudekomplex (Vorderhaus, Seiten- und zwei Querflügel) in der Maxstraße 8 (heute Kärntener Straße) für 160.000 DM abgeschlossen werden.

Nach etlichen Umbauarbeiten wurde das neue Innungshaus feierlich am 5. Oktober desselben Jahres eröffnet. Nicht nur die Innung, sondern auch der 1948 von Hermann Drewitz gegründete Bäcker-Verlag, der die „Neue Bäcker-Zeitung" herausgab, die neu eingerichtete Fachschule, die Einkaufsgenossenschaft „Bäckereinkauf" sowie die Pensionskasse des Bäckerhandwerks fanden Platz in dem neuen Gebäude.

„Das Erträumte [war] Tatsache geworden, daß alle Selbsthilfeeinrichtungen des Bäckerhandwerks unter einem Dach vereint sind“, schrieb die „Neue Bäcker-Zeitung“ in ihrem Bericht über die Eröffnung des neuen Innungshauses.

Die Bedeutung der Berlin Bäcker-Innung in Westberlin lässt sich auch daran erkennen, dass Bundeswirtschaftsminister Ludwig Erhard, Oberbürgermeister Ernst Reuter, die Präsidenten des Zentralverbandes des Deutschen Handwerks und der Berliner Handwerks- und Gewerbekammer sowie alle Obermeister der Berliner Handwerksinnungen an der Einweihungsfeier teilnahmen.

Das 1951 erworbene, verkehrsgünstig am S-Bahnhof Schöneberg gelegene Innungshaus der Bäcker-Innung in der Maxstraße 8. Die Maxstraße wurde 1963 in Kärntener Straße umbenannt.

# 30 KONKURRENZ DURCH WESTBERLINER BROTFABRIKEN

Nicht erst nach dem Zweiten Weltkrieg machten auch die Brotfabrikanten den Bäckern das Leben schwer. Wittler, Paech, Schlüter, Modrow, alle waren in der Zeit vor dem Ersten Weltkrieg in Berlin gegründet worden. Nach der Teilung der Stadt waren sie nur noch in Westberlin aktiv und belieferten

Straßenbahnwagen mit Werbung der Bäcker-Innung, beim Handwerk, speziell bei den Bäckern, einzukaufen. Foto Mitte der 1950er Jahre. Ob der Appell „Man muss die Kuh, die man melken will, auch füttern“, bei den Westberlinern eine Veränderung des Einkaufsverhaltens bewirkte, ist fraglich. (Sammlung BIB)

vorwiegend den Lebensmittelhandel. Damit waren sie starke Konkurrenten vieler Bäckereien, die auch mit dem Liefergeschäft ihr Einkommen erhöhen wollten. Vor allem bei den größeren Lebensmittelgeschäftsketten mit ihren Selbstbedienungsläden wie Butter Beck, Meyer, Bolle, Gebr. Mann, Carisch Kaffee und Otto Reichelt blieben die Bäckereien als Lieferanten außen vor.

Die bei der Berliner Bäcker-Innung angesiedelte Werbegemeinschaft der Berliner Bäcker versuchte in den 1950er/1960er Jahren wiederholt, die Berliner mit Werbemaßnahmen wieder zum Einkauf in den Bäckereien zu bewegen – mit mäßigem Erfolg.

Nicht nur die Zahl der Bäckereibetriebe in Berlin ging seit 1950 drastisch zurück, auch als die genannten Brotfabriken und Lebensmittelläden gibt es heute nicht mehr.

# 31 RÜCKGANG DES BROTKONSUMS

Die Neue Bäckerzeitung veröffentlichte diese Karikatur in ihrer Ausgabe vom 27. September 1958, verbunden mit Informationen, wo und wie die Tüten mit diesem Aufdruck zu bekommen waren. (Sammlung BIB)

Sein Bauch wär' nicht so dick bemessen:
hätt' er mehr Bäckerbrot gegessen!

Mit steigendem Wohlstand und dem umfangreicheren Warenangebot ging ab 1950 der Brotkonsum in Westberlin zurück. 1958 versuchte die Bäcker-Innung mit Humor, die Berliner zum Brotverzehr zu animieren. Zu diesem Zweck wurde diese Karikatur auf Schrippentüten gedruckt und an die Bäckereien abgegeben. Ob mit den Tüten die Zielgruppe dieser Werbeaktion – Nicht-Brotesser – erreicht wurde, ist nicht bekannt.

# 32 SERVICE FÜR DIE HAUSFRAU

Zu den Serviceleistungen vieler Westberliner Bäcker gehörte bis in die 1950er Jahre hinein das Abbacken von Kuchen aus Privathaushalten. War es doch in der Zeit der mit Kohle oder Holz betriebenen Kochherde in den Haushalten mühsam, den Backofen anzuheizen und auf die richtige Temperatur zu bringen. Einfacher war es da, den angerührten Teig in der Backform

Eine Papierrolle, ähnlich damals üblichen Kinokartenrollen. Die einzelnen Abschnitte waren mit einer Spitze versehen, auf der auch die Nummer stand. An einer Perforation konnte der Kontrollabschnitt mit derselben Nummer und Adresse der Bäckerei – hier die Bäckerei Johann Mayer – abgerissen und der Kundin ausgehändigt werden. (Sammlung Berning)

zum Bäcker zu tragen, der seinen Backofen jeden Tag in Betrieb hatte und auch die Temperatur besser regeln konnte. Gegen ein geringes Entgelt wurde der private Kuchen dort zusammen mit den Backwaren, die der Bäcker im Ofen hatte, mitgebacken. In den Kuchenteig wurde eine Nummer gesteckt und der Kunde bzw. die Kundin, denn meistens waren es Frauen, die den Backauftrag gaben, bekam als Nachweis einen Abschnitt mit der gleichen Nummer. Am nächsten Tag konnte sie dann beim Bäcker unter Vorlage der Nummer den fertigen Kuchen abholen.

Erst in der zweiten Hälfte der 1950er Jahre ließ die Nachfrage nach diesem Angebot der Bäckereien nach. Der zunehmende Wohlstand und die sinkenden Preise für Elektrogeräte ermöglichten den meisten Haushalten, ihre Kücheneinrichtung zu modernisieren und sich einen Elektro- oder Gasküchenherd anzuschaffen.

# 33 NEUSTART IN WESTBERLIN UNTER SCHWIERIGEN BEDINGUNGEN

Viele Bäckereien in Westberlin erwirtschafteten in den 1950er Jahren kaum das Existenzminimum. Vor allem auch jene Bäckermeister, die zu den Vertriebenen zählten und ihr Vermögen hatten zurücklassen müssen, litten unter Kapitalmangel und konnten sich, wenn überhaupt, nur eine heruntergekommene Bäckerei in einem der Arbeiterbezirke leisten, in denen die Konkurrenz hoch und der Umsatz gering waren. So hatten 1956 die 205 Bäcker im Wedding einen durchschnittlichen Umsatz je Betrieb von 85 000 DM pro Jahr, während ihre 37 Zehlendorfer Kollegen im Durchschnitt 128 000 DM Umsatz erzielten.

Dennoch setzte der Rückgang an Innungsmitgliedern erst langsam in den ausgehenden 1950er Jahren ein. Anfang 1960 gab es noch 1456, Ende des Jahres 1386 aktive und passive Mitglieder.

Ende Juni 1945 waren Paul Rösler und seine Familie als Vertriebene aus Schwiebus (heute Świebodzin in Polen), wo er in dritter Generation die 1878 gegründete Bäckerei betrieben hatte, nach Berlin gekommen. Zunächst in Lichtenberg untergebracht und dort 1947 mit einer Bäckerei versorgt, zog er es Ende 1949/Anfang 1950 aufgrund der politischen Lage vor, nach Westberlin überzusiedeln und dort erneut mit einer Bäckerei zu starten (s. Foto). 1961 setzte sich Paul Rösler zur Ruhe und schloss die Bäckerei. Sein Sohn Ortwin (1928–2023) hatte sich bereits 1953 selbständig gemacht und betrieb in den 1960er Jahren eine gutgehende Bäckerei in der Spandauer Altstadt.

Als Paul Rösler – im April 1920 noch als Vertreter der Gesellenschaft – Beisitzer bei der Gesellenprüfung des knapp 18-jährigen Hermann Kalliske (1902–1983) aus Wutschdorf, Amt Zillichau (heute Sulechów in Polen) war (s. Gesellenbrief), dachte er mit Sicherheit nicht im Traum daran, dass sich die Wege ihrer Enkel in der Berliner Bäcker-Innung einmal kreuzen würden.

Hermann Kalliske wanderte entlang der Oder abwärts und kam bis Wriezen. Dort folgte er seiner Liebe zu einer Märkisch-Oderländerin und verließ 1931 seine letzte Arbeitsstelle als Geselle, um sich im Dörflein Zechin im Oderbruch mit einer Bäckerei sesshaft zu machen. Sein Sohn Gerd übernahm die Bäckerei und auch sein Enkel Marian (geb. 1969) absolvierte noch seine Bäckerlehre im väterlichen Betrieb in Zechin, dann zog es ihn nach Berlin. Nach sechs Jahren als Mitarbeiter in der Innungs-Bäckerei Hutzelmann in Charlottenburg nahm er 1999 die Tätigkeit als Lehrer an der Fachschule der Bäcker-Innung auf und ist seit 2016 Leiter der „Akademie Deutsches Bäckerhandwerk Berlin-Brandenburg" in der Seydlitzstraße.

Paul Röslers Enkel Andreas (geb. 1963) übernahm 1997 die Bäckerei von Ortwin, Pauls Sohn, und ist seit 2005 im Innungsvorstand aktiv.

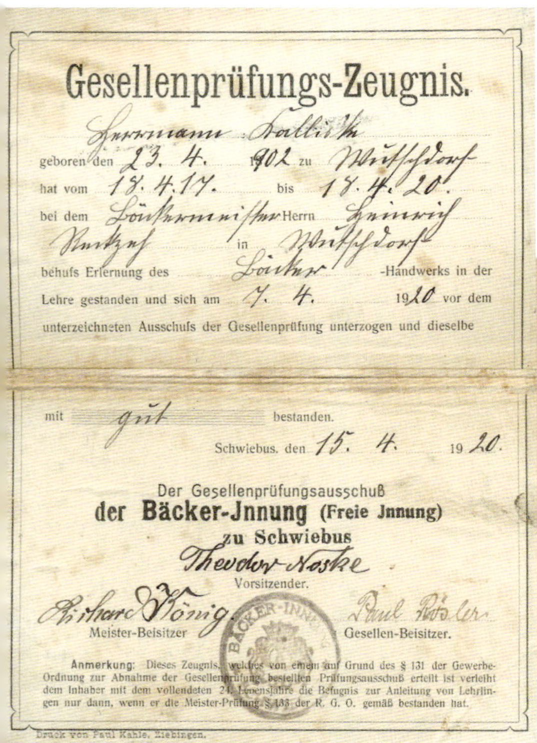

Gesellenprüfungs-Zeugnis.

Hermann Kalliske

geboren den 23. 4. 1902 zu Wutschdorf

hat vom 18. 4. 17. bis 18. 4. 20.

bei dem Bäckermeister Herrn Heinrich [illegible] in Wutschdorf

behufs Erlernung des Bäcker -Handwerks in der Lehre gestanden und sich am 7. 4. 1920 vor dem unterzeichneten Ausschuſs der Gesellenprüfung unterzogen und dieselbe

mit gut bestanden.

Schwiebus, den 15. 4. 1920.

Der Gesellenprüfungsausschuß
**der Bäcker-Jnnung (Freie Jnnung)**
**zu Schwiebus**

Theodor Noske
Vorsitzender.

Richard König — Meister-Beisitzer
Paul Rösler — Gesellen-Beisitzer.

**Anmerkung:** Dieses Zeugnis, welches von einem auf Grund des § 131 der Gewerbe-Ordnung zur Abnahme der Gesellenprüfung bestellten Prüfungsausschuß erteilt ist verleiht dem Inhaber mit dem vollendeten 24. Lebensjahre die Befugnis zur Anleitung von Lehrlingen nur dann, wenn er die Meister-Prüfung § 133 der R. G. O. gemäß bestanden hat.

Druck von Paul Kahle, Ziebingen.

oben: Bäckerei in der Wattstraße 10 im Wedding, die seit Anfang 1950 von Paul Rösler (1895–1997) betrieben wurde. Foto Anfang der 1950er Jahre. (Sammlung Rösler)

links: Gesellenprüfungszeugnis für Hermann Kalliske vom 15. April 1920. (Sammlung Kalliske)

# 34 BERLINER MAUER – GETEILTE STADT, GETEILTES BÄCKERHANDWERK

Ein Fluchthelfer sichert die Umgebung des Einstiegs zum „Tunnel 57", 3./4. Oktober 1964

Der Tunnel 57 war von Fluchthelfern ausgehend von der 1962 von Wilhelm Roloff aufgegebenen Bäckerei in der Bernauer Str. 97 auf der Westberliner Seite unter der Mauer durch bis zur Strelitzer Straße gegraben worden. 57 Menschen gelang die Flucht, bevor eine Inoffizielle Mitarbeiterin der Stasi dieses Projekt verriet und Grenzpolizisten kamen. Foto BStU. (Foto auf www.chronik-der-mauer.de)

Der 13. August 1961 bedeutete für die Bäcker in beiden Teilen Berlins einen tiefen Einschnitt. Das endgültige Verbot der Bäcker-Innung in Ostberlin hatte zunächst keineswegs bewirkt, dass die Gesamtberliner „Bäcker-Community" sofort auseinanderbrach. Bestehende Freundschaften zwischen Bäckern wurden weitergepflegt. Man durfte sich ja noch immer in den vier Sektoren der Stadt weitgehend ungehindert bewegen.

Die Ostberliner Bäcker, Gesellen und Lehrlinge konnten weiterhin an Veranstaltungen der Westberliner Innung teilnehmen, auch wenn dies offiziell von östlicher Seite zunächst ungern gesehen und später verboten wurde.

Bis 1961 kamen viele Bäcker aus Ostberlin, nicht nur, um sich zu informieren, welche Fortschritte es im Backhandwerk gab, sondern auch, um Kontakte zu pflegen und um von den Westberliner Kollegen edlere Rohstoffe zu bekommen, die es in Ostberlin nicht gab.

Etliche Ostberliner Bäckergesellen und Verkäuferinnen nutzten die Möglichkeit, im Osten, wo die Lebenshaltungskosten niedriger waren, zu wohnen, und in Westberlin zu arbeiten.

Am 14. August 1961 blieben manche Bäckerei-Filialen geschlossen, weil das Verkaufspersonal nicht mehr kommen konnte. Laut Einschätzung der Innungskrankenkasse kurz nach dem Mauerbau soll es nur ca. 100 Mitarbeiter aus Ost-Berlin in den Westberliner Bäckereien gegeben haben, eine Zahl, die von der Bäcker-Innung als nicht realistisch eingeschätzt wurde. In Ostberlin begrüßte der Vorsitzende der Einkaufsgenossenschaft des Bäcker- und Konditorenhandwerks (ELG) Helmut Klinner den Mauerbau mit der Begründung, dass 20 Prozent des in Ostberlin wohnenden Bäckerei-Fachpersonals in Westberlin gearbeitet und somit nicht dem Ostberliner Bäckerhandwerk zur Verfügung gestanden habe.

Bäckereien und anderen Betriebe, die einen durch den Mauerbau verursachten Umsatzrückgang nachweisen konnten, bekamen vom Senat eine Unterstützungszahlung zugebilligt, die direkt bei den Bezirksämtern beantragt werden musste. Die Bäcker-Innung, die bis 1963 immer noch die Mehlsubventionsanträge für das „Konsumbrot" bearbeiten musste, wird nicht traurig gewesen sein, dass sie diesmal nicht für die Überprüfung und Weiterleitung der Anträge zuständig war. Für die Westberliner Wirtschaft im Allgemeinen und damit auch für die Bäcker machte sich nach dem Mauerbau zum einen negativ bemerkbar, dass Menschen wegen der unsicheren Lage Westberlins wegzogen, und für das Bäckerhandwerk zum anderen, dass es an qualifiziertem Personal mangelte.

# 35 RESIGNATION BEI VIELEN BERLINER BÄCKERMEISTERN

Bis Ende 1989 sank die Zahl der Bäckereien in Westberlin auf rund 355. Grund dafür war vor allem der massive Mangel an Nachwuchs in Westberlin; wenn sich ihre Betreiber zur Ruhe setzten, fanden viele keinen Nachfolger mehr. Durch das Fehlen von Jungmeistern, die eine Bäckerei übernehmen wollten, investierten etliche Bäckereibesitzer nicht mehr in die Modernisierung ihrer Betriebe. Denn sie rechneten sich aus, dass sich diese Investitionen bis zu ihrem Ruhestand nicht amortisieren würden und sich nicht über den Verkaufspreis reinholen ließen.

Zustand der Bäckerei in der Rubensstraße 38, wie sie das Kollektiv vorfand, als es dort Anfang der 1980er Jahre die Vollkornbäckerei „Steinmühle" gründete und betrieb. Der zwar mittlerweile auf Öl umgestellte Backofen stammte aus den 1920er Jahren, wie wohl auch die Türen, Fenster und Fußböden. Nicht viel jünger dürfte die Knetmaschine gewesen sein. (Sammlung Lutum)

# 36 HEMMSCHUHE FÜR EINE MODERNISIERUNG DER BÄCKEREIEN

Auch die Bäcker, die bereit waren, zu modernisieren und investieren, sahen sich vor Probleme gestellt. Zwar konnte oft der Ladenraum etwas vergrößert und durch moderne Backöfen und Maschinen die Produktion gesteigert werden, da sich jedoch die meisten Bäckereien in Wohnhäusern befanden, konnte man nicht räumlich expandieren.

Zwar war der Laden der Bäckerei Rösler in der Breiten Straße in Spandau geräumiger als die Verkaufsräume der Kiezbäckereien, aber die Produktionsverhältnisse in der Backstube waren trotzdem sehr beengt. Ortwin Rösler entschied sich 1987, seine Bäckerei, die er dort seit 1962 führte, aufzugeben, nachdem ihm nach dem Tode der Vermieterin 1986 die Erbengemeinschaft kräftig die Miete erhöht hatte. Stattdessen baute er sein schon 1967 in Staaken erworbenes Haus dicht an der Grenze aus und verlegte die Produktion dorthin, sodass er und seine Mitarbeiter nun auch wesentlich bessere Arbeitsbedingungen hatten. Seit 1997 ist Ortwin Röslers Sohn Andreas Geschäftsführer der Bäckerei, dessen Sohn Tobias hat auch schon seine Meisterprüfung absolviert und arbeitet mit im Familienunternehmen.

Bäckerei und Konditorei Rösler in Spandau Ende 1970er/Anfang 1980er Jahre. (Sammlung Rösler)

# 37 FILIALEN – EINE LÖSUNG?

Eröffnung der Filiale der Bäckerei Prohassek am Mariendorfer Damm im Jahr 1981. In der Bäckerei Prohassek wurden die Backwaren bis 1990 in der 80 qm großen Backstube im Keller des Stammhauses in Alt-Mariendorf 53 hergestellt. Aus Platzmangel hatten sich die Prohasseks schon in den 1960/70er Jahren „in die Erde hinein gewühlt", um zusätzlichen Platz für den neuen Backofen und einen Gärunterbrecher zu schaffen. (Sammlung Prohassek)

Da die meisten Bäckereien in Nebenstraßen und nicht an den Einkaufsstraßen lagen, eröffneten die dynamischeren Bäckermeister oft Filialen in belebteren Straßen, um von der Laufkundschaft zu profitieren und die Umsätze zu steigern. Allerdings bedeutete eine Filiale auch erhöhte Kosten durch Miete und Lohnkosten für zusätzliches Verkaufspersonal, abgesehen davon, dass es in Westberlin seit dem Mauerbau an Gesellen und Bäckerei-Fachverkäuferinnen fehlte.

Nach der Wende expandierten fast alle Bäckereien und eröffneten Filialen aber seit den 2010er Jahren ist es zu einem drastischen Rückgang von Bäckerei-Filialen gekommen, nicht nur, weil viele Bäckereien ohne Nachfolger schlossen, sondern weil auch die bestehenden Bäckereien ihr Filialnetz stark reduzierten, oft aufgrund von drastisch gestiegenen Mieten.

# 5.

## Bäcker in Ostberlin
## 1951 bis 1990

**Einkaufs- und Liefer-Genossenschaft des Bäcker- und Konditoren-Handwerks von Groß-Berlin e. G. m. b. H.**

**5050**

## Engl. Früchtekuchen

| | | | |
|---|---|---|---|
| 950 g | Weizenmehl 405 | 1,16 | MDN |
| 50 g | Weizen-Puder | 0,12 | „ |
| 825 g | Margarine II | 1,52 | „ |
| 750 g | Eier (14 bis 16 Stück) | 5,49 | „ |
| 530 g | Zucker – 60 | 0,75 | „ |
| 500 g | Sultaninen | 3,70 | „ |
| 500 g | Belegkirschen | 3,64 | „ |
| 200 g | Zitronat | 3,43 | „ |
| 200 g | Orangeat Paste | 1,15 | „ |
| 125 g | Rum | 2,50 | „ |
| 1 kg Mehl – | | 23,46 | MDN |
| | Back- und Verkaufsspanne | 16,36 | „ |
| | Summa | 39,82 | MDN |

Ergebnis: **4 kg**
Gewicht: **100 g**
Preis: **1,— MDN**

Preisamtlich genehmigt
18. 6. 1964

**Einkaufs- und Liefer-Genossenschaft des Bäcker- und Konditoren-Handwerks von Groß-Berlin e. G. m. b. H.**

Münch Klinner

(379) BwG 010/65/18 1

Englischen Früchtekuchen wie auf diesem Gründruck von Juni 1964 wird es in dieser Zusammensetzung vermutlich seltener in der Bäckerei gegeben haben, da z. B. Zitronat und Orangeat in der DDR Mangelware waren und es einfach öfters an den Zutaten gefehlt haben dürfte. (Sammlung Lau)

# 38 HANDWERKSPOLITIK IN DER DDR – HANDWERKER ALS GEDULDETE „AUSBEUTER" KLEINHALTEN

Bäcker bei der Arbeit in der Bäckerei Feddrich in Weißensee, 1960er Jahre. (Sammlung Blauert)

Für die Ostberliner Bäcker gab es seit der Einführung der DDR-Handwerksgesetzgebung in Ostberlin 1951 neue Probleme. Die DDR befand sich in der Zwickmühle, denn im Prinzip stand die Abschaffung des Handwerks auf dem Programm, waren Handwerksmeister mit eigenen Betrieben doch „kapitalistische" Arbeitgeber, also Ausbeuter. Nur konnte es sich die DDR-Wirtschaft bis zu ihrem Ende nie wirklich leisten, auf das Handwerk ganz zu verzichten, da es ihr nicht gelang, die Nahversorgung der Bevölkerung mit Lebensmitteln, Dienstleistungen und Reparaturen durch staatliche Betriebe zu ersetzen. Aber man konnte die Tätigkeit des Handwerks begrenzen, indem man z. B. eine Meisterprüfung des Inhabers zur Voraussetzung für das Betreiben eines Handwerksbetriebes machte und max. zehn Vollbeschäftige dort arbeiten durften. Für die Bäcker hieß das, dass sowohl die Gesellen in der Produktion als auch die Verkäuferinnen im Laden zusammengerechnet wurden. Und es bedeutete, dass die Bäckereien im Gegensatz zu den Backfabriken, z. B. dem staatlichen Unternehmen VEB Aktivist, nicht in mehreren Schichten arbeiten konnten.

# 39 HANDWERKSPOLITIK DER DDR – PRIVATE HANDWERKSBETRIEBE AUSSTERBEN LASSEN

Zusätzlich zu der Personalbeschränkung versuchte die DDR, das Handwerk auch auszutrocknen, indem ihm kaum Lehrlinge zuwiesen wurden. Wie alles in der DDR, war auch die Anzahl der Lehrstellen staatlich festgelegt. Der Berliner Magistrat wies den einzelnen Bezirken eine Anzahl von Lehrlingen zu, die diese dann an Lehrlingssuchende vergaben.

Da im „Arbeiter- und Bauern-Staat" Handwerker eigentlich nicht vorgesehen waren, sondern vor allem die Industrie gefördert werden sollte, durfte natürlich der VEB Aktivist, ab Anfang der 1970er Jahre Leitbetrieb des Backkombinats BAKO, sich die vielversprechendsten Lehrlinge herauspicken. Dann kamen die Bäcker-Produktionsgenossenschaften des Handwerks (PGH), von denen es allerdings selbst Ende der 1980er Jahre nur fünf gab, an die Reihe, und was an Lehrlingen übrigblieb, wurde an die sich bewerbenden Bäckereien verteilt.

Für das gesamte Ostberliner Backhandwerk waren 1972 33 Konditoren-Lehrstellen vorgesehen. 30 Lehrlinge starteten beim BAKO und drei bei privaten Bäckern/Konditoren ihre Lehre.

Neben der Förderung der Industrie sahen die Aufsichtsbehörden es als Vorteil an, dass in den Backfabriken die Lehrlinge einfacher für die Jugendorganisation FDJ ansprechbar waren. Man versprach sich, sie durch eine solche Bindung besser zu guten – sozialistischen – DDR-Bürgern erziehen zu können.

Lehrlinge des VEB BAKO Berlin auf einer Parade anlässlich der X. Weltfestspiele der Jugend und Studenten 1973. Vorn rechts im Bild zwei der Ausbilder des Backwarenkombinats. (Sammlung Lau)

Bernd Lau (geb. 1956) bei seiner Konditorlehre beim VEB Backkombinat (BAKO) Berlin, ehem. VEB Aktivist (vor 1945 Aschinger), 1972/73. (Sammlung Lau)

# 40 MEISTERPRÜFUNG IN OSTBERLIN

Seit 1951 hatte auch Ostberlin wieder eine Handwerkskammer, nur, dass sie weniger ein Organ der Selbstverwaltung war als der verlängerte Arm der DDR-Wirtschaftspolitik. Der Präsident wurde von Anfang an vom Magistrat ernannt, ab Ende der 1960er Jahre auch der restliche Vorstand, der zuvor noch von den Handwerkern selbst gewählt werden durfte.

Wie in Westberlin nahm auch in Ostberlin die Handwerkskammer die Meisterprüfung ab. In der DDR und in Ostberlin war der Meisterbrief Grundvoraussetzung für die Genehmigung der Führung eines Handwerksbetriebs. Auch durch diese Bestimmungen sollten die jüngeren DDR-Bürger davon abgehalten werden, sich dem Handwerk zuzuwenden.

Im Gegensatz zur Westberliner Meisterprüfung, die einen theoretischen und einen praktischen Teil hatte, gab es zu Theorie und Praxis noch den Teil A, den allgemeinen Teil, in dem Kenntnisse von Gesellschaft und Politik im sozialistischen Sinne nachgewiesen werden mussten. Um die Erziehung der Meister im „fortschrittlich demokratischen" Sinn sicherzustellen, gab es für diesen Teil extra vorbereitende Kurse für die Meisterkandidaten. So stand natürlich die Geschichte des Marxismus-Leninismus auf dem Programm, ebenso wie ein Schnelldurchlauf durch die Geschichte von der Sklavenhaltergesellschaft bis zum Imperialismus. Auch die Oktoberrevolution 1917 und die Weiterentwicklung der KPdSU gehörten zum Stundenplan sowie die Entwicklung der beiden deutschen Staaten aus DDR-Sicht. Kenntnisse über die Verfassung der DDR, ihre Entstehungsgeschichte, die Nationale Front usw. rundeten das Programm der Gesellschaftskunde ab. Für die Generationen von Meisterkandidaten, die noch zu NS-Zeiten zur Schule gegangen waren, war das neuer Stoff, den sie da pauken mussten, für die, die in den 1970er und 1980er Jahren ihre Meisterprüfung in Angriff nahmen, nur eine Wiederholung dessen, was sie schon in der Schule gelernt hatten.

DEUTSCHE DEMOKRATISCHE REPUBLIK

URKUNDE

Herr Bernd Lau

geb. 14. 04. 1956 in Berlin

hat die Ausbildung in der Fachrichtung

Backwarenhandwerk
Spezialisierung Konditormeister

am 02. 03. 1980 abgeschlossen

und damit die Qualifikation als

MEISTER DES HANDWERKS

erworben.

Magistrat von Berlin ... Hauptstadt der DDR

Vorsitzender der Handwerkskammer des Bezirkes

Datum 01. 04. 1980

Direktor der Bildungseinrichtung

Meisterbrief von Bernd Lau als „Meister im Backhandwerk", Spez.: Konditormeister. 1981 übernahm Lau die Bäckerei seines Vaters in der Pasteurstraße 32, die er bis Ende 2016 führte und dann seinem langjährigen Mitarbeiter Marco Biesewski übergab. (Sammlung Lau)

# 41 ELG – EINKAUFSGENOSSENSCHAFT DES BÄCKER- UND KONDITOR-HANDWERKS VON BERLIN eGMBH

An die Stelle der 1951 in Ostberlin verbotenen Innung trat die Einkaufs- und Liefergenossenschaft des Bäcker- und Konditoren-Handwerks in Berlin eGmbH (ELG). Die Mitgliedschaft war offiziell freiwillig, aber da die meisten Rohstoffe – außer Mehl, Zucker, Fett und Obst – nur über die ELG zu beziehen waren, waren doch alle Ostberliner Bäcker und Konditoren hier vereinigt.

Nach staatlichen Plänen sollte die ELG – wie auch die Handwerkskammer – vor allem als verlängerter Arm der DDR-Wirtschaftspolitik dienen, aber da die Genossenschaftsmitglieder ihren Vorstand und Vorsitzenden selbst wählen konnten, saßen in den Führungsgremien doch Bäcker- oder Konditormeister, denen auch ihr Handwerk und ihre Kollegen am Herzen lagen und die daher versuchten, für diese unter den gegebenen Umständen möglichst das Beste zu erreichen. Dazu gehörte z. B., immer nach Sonderkontingenten Ausschau zu halten und – wenn es die mal gab – auf Vorrat Rohstoffe, Bäckereizubehör wie z. B. Brotschieber und selbst Bäckereimaschinen zu kaufen.

Es war Aufgabe der ELG, als Zuarbeit für die staatliche Plankommission den Bedarf der Berliner Bäcker für das kommende Jahr einzuschätzen und diesen den zuständigen Behörden zu melden. Außerdem war sie, obwohl nicht Mehllieferant, dafür zuständig, die Mehlmeldungen, die die Bäcker alle drei Monate abzuliefern hatten, abzurechnen, auf deren Basis dann Subventionen an die Bäcker ausgezahlt wurden, denn die meisten Backwaren wurden – da Grundnahrungsmittel – von der DDR subventioniert.

Die Bäcker schickten wöchentlich ihre Bestellungen für die kommende Woche, und wenn sie Glück hatten, bekamen sie auch das, was sie brauchten. Aber auch die ELG konnte nicht die Probleme der durch die Planwirtschaft verursachten Mangelwirtschaft in der DDR ausgleichen, wobei die Versorgung Ostberlins im Vergleich zu anderen Bezirken der DDR vergleichsweise „hervorragend" war. Marzipan, Zitronat und Orangeat und andere Edelrohstoffe kamen allerdings auch hier nur sehr selten bei den Bäckern an; da mussten dann Ersatz-Lösungen gefunden werden.

Jedes Quartal gab es eine Mitgliederversammlung, die als Entsprechung zu den Innungsversammlungen in Westberlin angesehen werden kann. Außerdem fanden relativ regelmäßig Versammlungen der Bezirksmeister bei der ELG statt, sodass der ELG-Vorstand ziemlich genau wusste, was sich im Berliner Bäcker-Handwerk tat. Vielleicht war er sogar manchmal besser informiert als der Vorstand der Westberliner Innung, da in Ostberlin auch die Konditoren in der ELG erfasst waren. Sie verfügten über keine eigene Organisation, während die Konditoren in Westberlin 1947 sofort wieder eine eigene Innung gegründet hatten.

Im Gegensatz zur Bäcker-Innung gab es aber keine gemeinsamen geselligen Veranstaltungen – außer einem großen Ausflug pro Jahr, zu dem alle Mitglieder der Genossenschaft eingeladen wurden.

Von der alten Innungsstruktur übernommen waren die Bezirksobermeister, die in jedem Stadtbezirk für den Zusammenhalt der dort ansässigen Bäcker sorgten. Sie wurden zumeist von den Bäckern selbst gewählt bzw. vorgeschlagen und genossen ihr Vertrauen. Ernannt wurden sie aber von der Kreisgeschäftsstelle der Handwerkskammer Berlin (Ost) des jeweiligen Bezirks und hießen offiziell nicht Bezirksobermeister, sondern „Mitglied der Berufsgruppenleitung des Bäcker-Handwerks". Wenn sich ein Bezirksobermeister zu kritisch über die von oben verordneten Maßnahmen äußerte, konnte es auch passieren, dass er von den Behörden wieder abgesetzt wurde. Neben offiziellen Bezirksversammlungen gab es regelmäßig gesellige Zusammentreffen beim „Bäcker-Stammtisch", Eisbeinessen und andere saisonale Bezirksvergnügen.

Zu den Aufgaben der Bezirksobermeister gehörte es auch, den Kontakt zur Abt. Örtliche Versorgung Wirtschaft (ÖVW) beim jeweiligen Bezirksrat zu halten, da dieser auch als Aufsichtsbehörde der Bäcker diente und z. B. für die Zuweisung von Lehrlingen zuständig und beliebte Anlaufstelle für Beschwerden aus der Bevölkerung war.

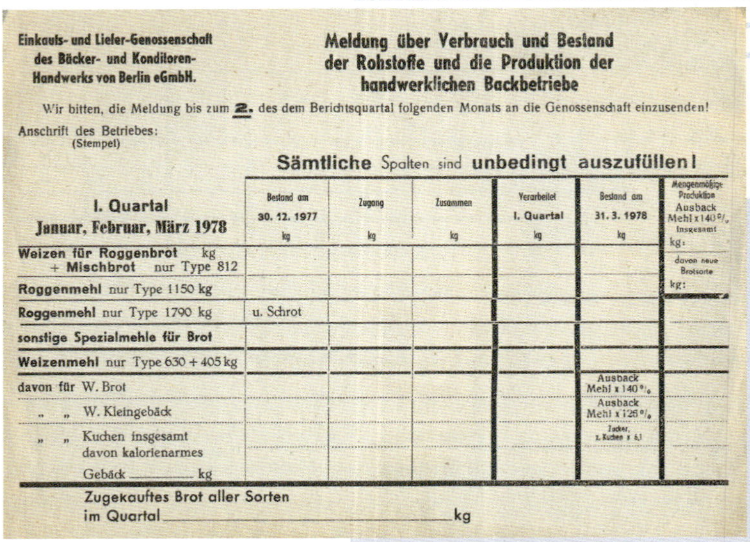

Einkaufs- und Liefer-Genossenschaft des Bäcker- und Konditoren-Handwerks von Berlin eGmbH.

**Meldung über Verbrauch und Bestand der Rohstoffe und die Produktion der handwerklichen Backbetriebe**

Wir bitten, die Meldung bis zum **2.** des dem Berichtsquartal folgenden Monats an die Genossenschaft einzusenden!

Anschrift des Betriebes: (Stempel)

**Sämtliche** Spalten sind **unbedingt auszufüllen!**

| I. Quartal Januar, Februar, März 1978 | Bestand am 30. 12. 1977 kg | Zugang kg | Zusammen kg | Verarbeitet I. Quartal kg | Bestand am 31. 3. 1978 kg | Mengenmäßige Produktion Ausback Mehl x 140 % Insgesamt kg: davon neue Brotsorte kg: |
|---|---|---|---|---|---|---|
| **Weizen für Roggenbrot** kg **+ Mischbrot** nur Type 812 | | | | | | |
| **Roggenmehl** nur Type 1150 kg | | | | | | |
| **Roggenmehl** nur Type 1790 kg | u. Schrot | | | | | |
| **sonstige Spezialmehle für Brot** | | | | | | |
| **Weizenmehl** nur Type 630 + 405 kg | | | | | | |
| davon für W. Brot | | | | | Ausback Mehl x 140 % | |
| „ „ W. Kleingebäck | | | | | Ausback Mehl x 126 % | |
| „ „ Kuchen insgesamt davon kalorienarmes Gebäck ______ kg | | | | | Zucker, z. Kuchen x 6,1 | |

**Zugekauftes Brot aller Sorten im Quartal** ______ kg

Vierteljährlich bei der ELG einzureichendes Formular „Meldung über Verbrauch und Bestand der Rohstoffe und die Produktion der handwerklichen Backbetriebe", der sog. HQ-Bogen, hier für das 1. Quartal 1978. (Sammlung Lau)

# 42 MODERNISIERUNG VON BÄCKEREIEN IN OSTBERLIN

Die Backstube der Bäckerei Siebert mit dem heiß erkämpften Gasbackofen in den 1970er Jahren. (Sammlung Siebert)

Die Abt. Örtliche Versorgung Wirtschaft (ÖVW) beim jeweiligen Bezirksrat war auch für die Zuteilung von Backöfen zuständig, von denen sie selbst nur eine begrenzte Anzahl jährlich zugewiesen bekam.

Bäcker, die einen neuen Backofen brauchten, mussten sich bei der Abt. ÖVW ihres Bezirks darum bewerben, wobei die Zuteilungskriterien nicht so ganz durchschaubar waren. In der Regel waren es jüngere Bäckermeister, die erst vor kurzem eine Bäckerei übernommen hatten, sodass die ÖVW davon ausgehen konnte, dass diese den Backofen auch lange nutzen würden. Aber es gab auch andere Kriterien, wie z. B. Bodo Siebert (geb. 1934) erfahren musste. Dessen Bäckerei lag in einer Seitenstraße der Bornholmer Straße. Nachdem er Mitte der 1960er Jahre den Betrieb seines Vaters übernommen hatte, bewarb er sich um einen neuen Backofen. Der alte stammte noch von 1906. Sein Antrag wurde abgelehnt mit der Begründung, seine Bäckerei liege nicht an der Protokollstrecke. Dafür sollte Anton Pascotto, der sich seelisch bereits auf seinen Ruhestand vorbereitete, in der Bornholmer Straße einen neuen Backofen bekommen, obwohl er sich gar nicht darum beworben hatte. Als Pascotto damit drohte, sofort seine Bäckere dichtzumachen, wenn man von ihm verlange, sich auf seine alten Tage noch an einen neuen Ofen zu gewöhnen, gelang es Siebert, die Abt. ÖVW zu überzeugen, dass dieser Ofen besser in seiner Bäckerei stehen sollte.

Im Laufe der 1960er bis 1980er hatte aber ein großer Teil der Ostberliner Bäcker einen neuen Backofen erhalten. Wer einen ergattert hatte, musste diesen meistens den Rest seiner aktiven Bäckerzeit nutzen und konnte nicht noch einmal modernisieren.

Schlechter sah es spätestens ab Ende der 1960er Jahre mit Bäckereimaschinen wie Knetern, Teigteil- und Wirkmaschinen etc. aus. Da kam das Wirtschaftsministerium auf die Idee, dass die DDR eigentlich nur noch Maschinen für industrielle Backbetriebe brauche und stellte die Produktion der kleineren Maschinen für handwerkliche Bäckereien fast völlig ein. Die Backmaschinenhersteller mussten die Produktion entsprechend umstellen. Die Maßnahme bewirkte, dass die in den Bäckereien vorhandenen Maschinen auf Verschleiß gefahren werden mussten und etliche Schmiedemeister sich auf die Reparatur dieser Maschinen spezialisierten. „Handwerk hilft dem Handwerk" lautete dazu der offizielle Slogan.

# 43 BROTPREIS IST EIN POLITISCHER PREIS – PREISVORSCHRIFTEN IN OSTBERLIN

Vom Beginn bis zum Ende der DDR wurde von den Preisämtern der Bezirke der DDR, also auch von der Ostberliner Preisstelle beim Amt für Wirtschaft des Magistrats, streng auf Brot-, Kleingebäck- und Kuchenpreise geachtet. Die Schrippe kostete 1950 5 Pf. und bis 1989 änderte sich der Preis nicht. Auch die Brotpreise veränderten sich in den 40 Jahren DDR kaum. Wie schon im Mittelalter, der frühen Neuzeit und unter den Nationalsozialisten war der Brotpreis ein politischer Preis und wurde in der DDR kräftig subventioniert.

Für alle Backwaren gab es genaue Vorschriften über die Zusammensetzung und den Preis. Einige Male wurde ein Teil der Rezepturen überarbeitet, weil sich die Kalkulation verändert hatte, z.B. durch höhere Löhne oder Rohstoffpreise, die möglichst nicht an den Konsumenten weitergegeben werden sollten. Eher wurde am Rezept etwas geändert oder es sollte überlegt werden, ob der Produktionsvorgang verändert und dadurch Arbeits- und damit Lohnkosten eingespart werden konnten. Preiserhöhungen waren die Ausnahme. Diese feste Zusammensetzung – die Rezeptur und die Preiskalkulation für jegliche Backwaren – war von der ELG kalkuliert und dem Ostberliner Preisamt vorgelegt worden. Wenn dieses die Rezeptur, nach Verkostung und Überprüfung der Kalkulation, akzeptierte, waren Zusammensetzung und Preis von allen Ostberliner Bäckern, die diese Backware herstellen wollten, einzuhalten. Die ELG druckte dann die Rezeptur und verteilte sie an die Bäcker. Die ersten Rezepturen in der ersten Hälfte der 1950er Jahre waren schwarzfarbig gedruckt, dann in Braun und später in Rot. Die letzte Überarbeitung kam in den 1960er Jahren, sog. Gründrucke.

Die unterschiedliche Farbgestaltung sollte verhindern, dass die Rezepturen verwechselt wurden. Sandkuchen war mit Sicherheit nicht erst 1978 in das Angebot der Ostberliner Bäckereien aufgenommen worden, aber Butter machte ihn „hochwertiger“ und die Bäcker konnten ihn teurer verkaufen.

Bei der ELG gab es eine Kommission, der mehrere Bäcker angehörten, die für die Entwicklung neuer Rezepturen inkl. Kalkulation der Zutaten und des Endpreises zuständig war. Jeder hatte das Recht, Vorschläge für neue Backprodukte zu machen. Bei den Rezepturen wurde vom Preisamt ein gewisser Prozentsatz an Materialschwund bei der Kalkulation mit berechnet. Für Backindustrie und Backhandwerk galt sehr zur Freude der Bäcker dieselbe Materialschwundliste, obwohl die Schwundquote in den VEBs erheblich größer war als in den Bäckereien, in denen nur jeweils wenige Personen arbeiteten und auch eine andere Arbeitsatmosphäre herrschte. Insofern blieb bei den neu entwickelten Rezepturen zumeist etwas an Rohstoffen für den Bäcker übrig, die er dann so einsetzen konnte, wie es ihm passte. Um es ihren Mitgliedern zu ermöglichen, doch auf Sonderwünsche der Kunden einzugehen, oder auch einfach Reserven an Butter oder anderen knappen Gütern anzulegen, geschah es hin und wieder auch, dass die ELG eine Rezeptur vorlegte, bei der jeder Fachmann hätte sehen müssen, dass mit dieser Menge Fett eigentlich kein vernünftiger Teig herzustellen war – aber im Preisamt saßen keine Fachleute. Und der höhere Buttergehalt erlaubte nicht nur, einen höheren Preis dafür zu kalkulieren, sondern auch, die Butter für andere Backwaren abzuzweigen. Und so gab es eben nicht nur ein Apfelkuchenrezept, sondern über die Jahre verteilt mehrere, und je später das Rezept entwickelt wurde, um so „besonderer“ und daher auch teurer war der Kuchen.

Aber auch die Gründrucke dienten öfters eher als Richtschnur, denn sie mussten an die Gegebenheiten der jeweiligen Bäckerei und der aktuellen Liefermöglichkeiten der ELH angepasst werden. Waren statt der bestellten Mandeln Cashew-Kerne zugeteilt worden, musste der Bienenstich eben mit gehobelten Cashew-Kernen belegt werden. Wichtig war nur, dass Gewicht und Preis identisch waren.

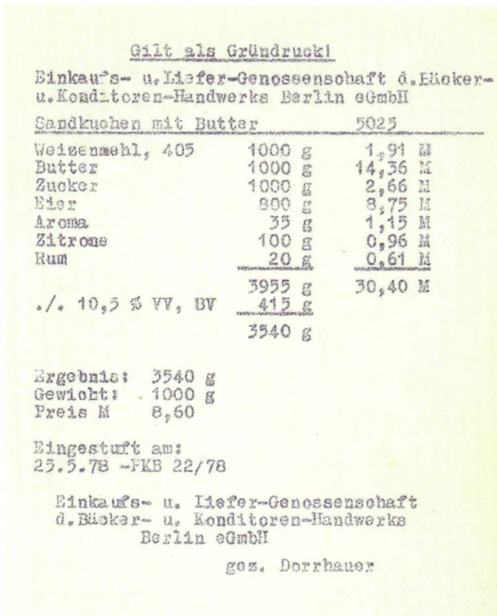
Gilt als Gründruck!

Einkaufs- u. Liefer-Genossenschaft d. Bäcker- u. Konditoren-Handwerks Berlin eGmbH

| Sandkuchen mit Butter | | 5025 |
| --- | --- | --- |
| Weizenmehl, 405 | 1000 g | 1,91 M |
| Butter | 1000 g | 14,36 M |
| Zucker | 1000 g | 2,66 M |
| Eier | 800 g | 8,75 M |
| Aroma | 35 g | 1,15 M |
| Zitrone | 100 g | 0,96 M |
| Rum | 20 g | 0,61 M |
| | 3955 g | 30,40 M |
| ./. 10,5 % VV, BV | 415 g | |
| | 3540 g | |

Ergebnis: 3540 g
Gewicht: 1000 g
Preis M 8,60

Eingestuft am:
25.5.78 – FKB 22/78

Einkaufs- u. Liefer-Genossenschaft
d. Bäcker- u. Konditoren-Handwerks
Berlin eGmbH

gez. Dorrhauer

Rezeptur für einen Sandkuchen mit Butter vom Mai 1978, ersatzweise als Ormig-Abzug vervielfältigt. (Sammlung Lau)

Ein Eingehen auf Kundenwünsche, z. B. für eine besondere Torte, war nicht vorgesehen. Theoretisch musste für solche Sonderwünsche dann erst wieder eine Rezeptur entwickelt und vom Preisamt genehmigt werden, wozu natürlich keiner Lust hatte. Praktisch einigte man sich direkt mit dem Besteller, der dann teilweise woanders als „normaler" Konsument Zutaten wie Marzipan organisieren musste. Denn die Bäcker hatten oft Auflagen seitens der ÖVW (Örtliche Versorgung Wirtschaft) ihres Bezirks, dass sie bestimmte Produkte, wie zum Beispiel Marzipan, nicht im Einzelhandel dazu kaufen durften, um nicht das ohnehin knappe Angebot weiter zu reduzieren.

Die Preisbindung galt offiziell bis zum 30. Juni 1990, allerdings wurde ab März 1990 kaum noch kontrolliert, sodass der eine oder andere Bäcker neue Produkte ohne Preisbindung anbot, wobei die Westberliner Preise als Orientierungsmaßstab dienten, aber es wurde schon noch darauf geachtet, unter den Preisen in Westberlin zu bleiben.

# 44 VOLLE BROTREGALE BIS ZUM LADENSCHLUSS!

Die Abt. ÖVW (Örtliche Versorgung Wirtschaft) der jeweiligen Stadtbezirksräte legte großen Wert darauf, dass bis zum Ladenschluss Brot und Brötchen angeboten wurden, allerdings musste es nicht das vom Bäcker selbst gebackene sein. Daher richtete die ELG in der zweiten Hälfte der 1970er Jahre einen Brot-Notdienst ein. Wenn zum Beispiel ein Bäcker krankheitshalber nicht backen konnte, brachte die ELG Brot in den Laden, das sie vom Backwarenkombinat bekommen hatte. Auch wenn sich zum Wochenende abzeichnete, dass das Brot nicht bis zum Ladenschluss reichen würde, konnten die Bäcker bei der ELG Brot nachordern, die dann den Nachschub vom Kombinat brachte. Viele Bäckereien hatten separat tägliche Liefervereinbarungen mit dem Kombinat/Großhandel, da sie sonst zu oft am späten Nachmittag ohne Brot dastanden. Denn sie konnten diese nachgefragten Mengen gar nicht selbst decken. Die ÖVW aber verlangte, dass Brot bis zum Geschäftsschluss verfügbar sein musste.

Es hing wohl auch öfters vom Trinkgeld ab, ob der Brotausfahrer frisches oder schon etwas älteres Brot brachte. Jürgen Buhrmeister (geb. 1939), der eine Bäckerei in Köpenick betrieb, berichtete, dass der Brotausfahrer ihm nachmittags immer frisches Brot brachte (das Trinkgeld war offensichtlich für ausreichend befunden worden) und die Brote, die nicht mehr bis zum Geschäftsschluss verkauft worden waren, am nächsten Morgen wieder abholte und sie dann in eine der Kaufhallen brachte, wo sie erneut zum Verkauf angeboten wurden.

Auch Brötchen sollten möglichst bis zum Ladenschluss vorhanden sein, es mussten aber nicht unbedingt Schrippen sein. Die Herstellung von Schrippen war, wenn man noch keinen entsprechenden Automaten bei der ELG ergattert hatte, aufwendig und die Gewinnspanne bei einem vorgeschriebenen Verkaufspreis von 5 Pf. sehr gering. Daher waren viele Bäcker dazu übergegangen, vom Material her etwas aufwendigere und daher teurere Brötchen wie z. B. Milchbrötchen und Fettsemmeln anzubieten, für die auch fleißig Rezepturen entwickelt und dem Preisamt vorgelegt worden waren. Waren nun die Schrippen am frühen Nachmittag schon ausverkauft, nahmen die meisten Kunden ohne größeres Gemurre das teurere Weizengebäck. Das wurde von der ÖVW akzeptiert.

Die privaten Bäcker verkauften jedoch nicht nur in ihren Läden Backwaren, sondern belieferten auch die Kantinen diverser großer Industriebetriebe, Kindergärten, Altersheime etc. Auch Kaufhallen und Centrum-Warenhäuser bezogen zum Teil von Bäckereien ihre Backwaren.

# 45 BACKKOMBINAT VERSUS BÄCKEREI

Da in Ostberlin fast alle Bäckereien montags geschlossen hatten, war freitags/samstags der Kundenandrang besonders groß und vor den Bäckereien bildeten sich regelmäßig lange Schlangen, wie hier vor der Bäckerei Spaethe in der Schönhauser Allee 186a im Sommer 1979. (Sammlung Spaethe)

Die Brotfabriken und Backwarenkombinats-Betriebe in Ostberlin, die vor allem die HO- und Konsum-Läden belieferten, schafften es nicht, die benötigten Mengen an Backwaren allein herzustellen und nicht in einer Qualität, die von Käufern akzeptiert wurde. 1973 stammten 30 Prozent des Roggenbrots, 65 Prozent des Weizengebäcks und 50 Prozent der Konditorwaren, die die Berliner verzehrten, aus den privaten Bäckereien. In anderen Zahlen ausgedrückt: Die 352 damals noch existierenden Ostberliner Bäcker hatten 1973 17.266 t Roggenbrot, 17.842 t Weizenbrot und Weizenkleingebäck sowie 11.786 t Konditorwaren hergestellt.

# 46 VERFALL DER BAUSUBSTANZ IN OSTBERLIN

Die meisten Ostberliner Bäckereien waren zur Miete, sei es bei einem privaten Hauseigentümer oder, was auf die Mehrheit zutraf, bei einer der kommunalen Wohnungsgesellschaften. Selbst beim Einbau neuer Backöfen waren es oft diese Gesellschaften, die für die Kosten aufkamen und dafür die Miete etwas erhöhten.

Fast alle privaten Bäcker hatten ihren Betrieb in einem Altbau. Wenn Bäckereien und nicht nur Verkaufsstellen der Backwarenindustriebetriebe in einem Neubaugebiet in Ostberlin eingeplant wurden, dann wurden diese vorzugsweise PGHs (Produktionsgenossenschaften) übergeben. Private Bäcker hatten dort kaum eine Chance, eine Bäckerei zugewiesen zu bekommen.

Wegen der niedrigen Mieten fehlte es sowohl den Hauseigentümern als auch den kommunalen Wohnungsgesellschaften an Kapital, die Altbauten in Schuss zu halten bzw. zu sanieren. Hinzu kam der eklatante Mangel an Baumaterialien. Selbst wenn ein Eigentümer sein Haus in Ordnung bringen wollte, war das oftmals unmöglich. War man zur Straßenseite noch bemüht, die Fassade aufrechtzuerhalten, ließ sich in den Hinterhöfen der Verfall kaum übersehen. Was allgemein für die Ostberliner Altbauten galt, traf auch für die Bäckereien zu.

Fassade des Vorderhauses mit dem Schaufenster der „Dresdener Feinbäckerei“ in der Bölschestraße 89 in Friedrichshagen und die im Hof gelegene Backstube der „Dresdener Feinbäckerei“. Foto Anfang der 1980er Jahre. (Sammlung Schwadtke)

# 47 MOBILIAR ZUR MODERNISIERUNG DES LADENS – FEHLANZEIGE

Schwierig war es, seine Ladeneinrichtung zu modernisieren, da es in der DDR für private Bäcker kaum ein Angebot von Ladenmöbeln gab. Viele Ostberliner Bäckereien verkauften daher ihre Backwaren in Verkaufsräumen, die noch die Erstausstattung beherbergten, oder gestalteten sie auf eigene Faust um.

Der erste Bäcker in Ostberlin, der es noch vor der Währungsunion am 1. Juli 1990 wagte, einen Kredit aufzunehmen und seinen Kundenraum mit westdeutschem Verkaufsmobiliar zu modernisieren, war Hans-Joachim Blauert (geb. 1945), der Anfang Mai 1990 sein renoviertes Geschäft wiedereröffnete. Obwohl er sich nicht mehr an die vorgeschriebenen Preise hielt und seine Backwaren etwas unter dem Westberliner Preisniveau anbot, standen die Kunden in den ersten Wochen Schlange. Sie genossen es, ohne große Fahrt auch in Hohenschönhauser Westberliner Flair geboten zu bekommen.

links: Die Kleidermode ging zwar auch in Ostberlin mit der Zeit, aber nicht die Geschäftsausstattung, hier in einer Bäckerei/Konditorei in der Warschauer Straße, Ende der 1960er Jahre. (Foto © Kurt Schwarz)

rechts: Verkaufsraum Bäckerei Blauert in Hohenschönhausen nach der Wende. (Sammlung Blauert)

# 6.

## Bäckerhandwerk in Berlin seit 1990

Goldene Brezel

Seit Mitte der 1980er Jahre stieg der Anteil der Bio-Bäckereien in Berlin. Hier die ehemalige Bäckerei von Christa Lutum in der Giesebrechtstraße.

# 48 NEUE PROBLEME FÜR EIN ALTES HANDWERK

Obwohl Technik und EDV zur Arbeitsentlastung auch ihren Einzug in die Backstuben gehalten haben, ist nach wie vor der Bäcker „Herr des Teiges". Er entscheidet, was an Zutaten in seine Backwaren hineinkommt. Das unterscheidet ihn von vielen anderen Backwarenanbietern.

Von 1505 Bäckern in Westberlin Anfang 1950 war die Anzahl der Innungsbäckereien Ende 1989 auf 217 gesunken, hinzu kamen rund 90 nicht in der Innung organisierte Bäckereien, vor allem im alternativen Milieu. In Ostberlin hatte sich die Zahl der Bäckereien in den 40 Jahren DDR von 994 Bäckereien auf 223 reduziert.

Ein Sprichwort heißt: „Wer beim Bäcker Hunger hat, ist selbst daran schuld." Hatte es 1945/46 noch einen Ansturm auf Lehrstellen im Bäckerhandwerk gegeben, ließ in den 1950er Jahren in Westberlin, wo sich Wirtschaftswunder und Vollbeschäftigung bemerkbar machten, das Interesse am Bäckerberuf deutlich nach. In Ostberlin wurde das Bäckerhandwerk zielgerichtet ausgetrocknet, indem den privaten Bäckern nur eine geringe Anzahl von Lehrlingen zugeteilt wurde.

Das hatte zur Folge, dass in beiden Teilen der Stadt ab Mitte der 1960er Jahre Bäcker, die sich zur Ruhe setzten, zunehmend keinen Nachfolger mehr fanden und die Betriebe endgültig schlossen. Die Überalterung des Bäckerhandwerks war zu einem massiven Problem geworden.

In Westberlin wie in der BRD galt das 1915 eingeführte Nachtbackverbot. Seit der Novelle des Nachtbackverbots 1936 durfte vor 4 Uhr nicht mit dem Backen begonnen werden. Auch in Ostberlin war es wohl nie offiziell aufgehoben worden, aber keiner kontrollierte es mehr, sodass die Nachtarbeit für die privaten Bäcker dort eine Selbstverständlichkeit war.

Das Nachtbackverbot und der Personalmangel verleiteten in Westberlin ab den 1970er Jahren immer mehr Bäcker, von den von der Backmittelindustrie in Hülle und Fülle angebotenen Hilfsmitteln – von der chemischen Beschleunigung der Sauerteig-Reifung bis zur fertigen Backmischung – Gebrauch zu machen. Das steigerte zwar die Vielzahl an Brötchen-Sorten, aber schnell fanden die Kunden heraus, dass sie bei fast allen Bäckern gleich schmeckten.

Solange noch nicht die „Auf-Bäcker" scharenweise in Berlin ihre „Bäckerei und Café"-Läden aufmachten, also bis in die zweite Hälfte der 1990er Jahre hinein, war ausbleibende Kundschaft aber nicht das Problem der Bäcker.

Symptomatisch war, dass noch 1990 an der städtischen Berufsschule für Bäcker das Thema „Sauerteig" nur kurz im 3. Lehrjahr angerissen wurde, da doch sowieso kein Westberliner Bäcker sich noch die Mühe mache, diesen selbst herzustellen. Dies behauptete jedenfalls der Direktor der Berufsschule, als ein Ostberliner Bäcker- und Konditormeister ihn fragte, wieso dieses Thema so sträflich vernachlässigt werde.

Viele Ostberliner Bäcker folgten Anfang der 1990er Jahre dem Vorbild ihrer Westberliner Kollegen, zumal sich in den ersten Monaten fast mehr Vertreter als Kunden bei ihnen blicken ließen. Viele Ostberliner meinten, dass die für sie neuartigen Backwaren in Westberlin besser wären und das Angebot differenzierter sei. Rückgewinnung der Kunden und Arbeitseinsparungen waren ausschlaggebend für das Anwenden der Backmischungen etc.

In Ostberlin herrschte 1990 sogar verstärkt Personalmangel, weil qualifizierte Gesellen und Verkäuferinnen sich eine Stelle in Westberlin suchten, wo höhere Löhne gezahlt wurden. Zwar gab es auch eine Anzahl von arbeitslosen Bäckern nach der Zerschlagung der Backwarenkombinate, aber die wenigsten Industriebäcker, die hauptsächlich „an der Linie" gearbeitet hatten, waren geeignet für den wesentlich komplexere Tätigkeiten verlangenden Handwerksbetrieb.

Für die Ostberliner Bäcker hieß es ab 1. Juli 1990, dass sie ihre Preise selbst kalkulieren sollten, was ihnen 40 Jahre untersagt gewesen war. Hinzu kam auch das BRD-Steuerrecht mit Umsatzsteuer etc. Der Preis pendelte sich in den ersten Monaten auf ca. 15 Pf. pro Schrippe ein, während das gleiche Erzeugnis in Westberlin ca. 25 Pf. kostete. Lediglich das Nachtbackverbot wurde bis 1993 aufgeschoben. Hierfür hatten sich vor allem die Handwerkskammern (Ost und West) eingesetzt, mit dem Argument, dass den Bäckern erst einmal Zeit gegeben werden müsse, sich technisch so aufzurüsten, dass sie auch bei einem Arbeitsbeginn ab 4 Uhr die benötigte Anzahl von Backwaren bis zum morgendlichen Kundenansturm herstellen konnten.

Den meisten Ostberliner Bäckern war klar, nachdem sie gesehen hatten, was sich in den Westberliner Bäckereien tat, dass ihre Bäckerei-Ausstattung vom Backofen und den Maschinen bis zum Ladenmobilar völlig veraltet war und erneuert werden musste. Die Vertreter für Bäckerei-Ausstattungen berieten nicht immer zum Besten; sie waren manchmal wohl auch bei ihrer Beratung mehr an ihrer Provision als am Wohl des Bäckers interessiert. So war der eine oder andere Bäcker nach dem Kauf mit einer Maschinenkapazität eingedeckt, die er angesichts seines

Konditor Daniel Pausin (geb. 1968) in der Backstube der Traditionsbäckerei Rösler, in der er seit 1998 wirkt. Foto um 2020. (Sammlung Rösler)

geringen Kundenkreises gar nicht brauchte. Nicht alle Betriebe hatten den Service des von der Innung ab Februar 1991 eingestellten Betriebsberaters effizient genutzt und bekamen Probleme bei der Abzahlung der aufgenommenen Kredite, sodass sie sogar Insolvenz anmelden mussten.

Hinzu kam außerdem: Viele der Großbetriebe in Ostberlin wurden ab Frühjahr 1990 privatisiert und plötzlich stand die Rentabilität an erster Stelle. Das führte häufig zu massiven Personalentlassungen und teilweise zur Zerschlagung der Betriebe. Auch die Treuhand spielte dabei keine rühmliche Rolle. So verloren zum einen Bäckereien, die sich eine gut funktionierende Lieferkundschaft wie Kantinen etc. aufgebaut hatten, plötzlich ihre Großkunden. Hinzu kam die schwächere Kaufkraft der Ostberliner Bevölkerung.

Doch etliche mittelgroße Bäckereien in Westberlin gerieten ebenso in wirtschaftliche Schwierigkeiten. Auch bei ihnen brach das Liefergeschäft weg, als etliche Unternehmen wegen des Wegfalls der steuerlich günstigen Berlin-Präferenzen und des Anstiegs der Lohnkosten durch die Einstellung der Berlin-Zulage bis Mitte der 1990er Jahre die Stadt verließen.

Seit den 2000er Jahren führten auch die verschärften Lebensmittelhygiene- und Bauvorschriften sowie strengere Lärmschutzverordnungen zur Schließung etlicher Bäckereien, weil die Betreiber der Bäckereien mit den durch die geforderten Umbauten entstehenden Kosten allein gelassen wurden. Der Vermieter bezog zwar gern die ständig steigende Miete, war aber selten bereit, sich an den Kosten für die erforderlichen Umbauten zu beteiligen. Die Ausstattung des Betriebes sei seiner Meinung nach das Privatvergnügen des Bäckers. So schloss z. B. 2005 eine Bäckerei in der Eugen-Schönhaar-Straße. Der Umbau zur Beseitigung hygienischer Mängel aus baulichen Gründen hätte an die 100.000 € gekostet, wozu der Besitzer der Bäckerei ohne potentiellen Nachfolger nicht bereit war. Die Bäckerei bestand seit den 1950er Jahren und weder in der DDR-Zeit noch in den 1990er Jahren wurde von der Lebensmittelaufsicht verlangt, bauliche Mängel zu beseitigen. Aber Anfang der 2000er Jahre wurde das ein Grund für die Betriebsschließung.

Auch der Lärmschutz bereitet vielen Bäckereien Probleme, da Maschinen Geräusche verursachen, und seit Aufhebung des Nachtbackverbots fast überall nachts in der Backstube gearbeitet wird. Wehe, ein Mitbewohner im Haus fühlt sich dadurch – oder durch den Brotgeruch – gestört, schnell kommen Auflagen. Sei es, dass leisere Maschinen angeschafft werden müssen oder der Fußboden umgebaut werden soll, um die Schwingungen aufzufangen. Auf alle Fälle kommen Kosten auf den Bäcker zu, nicht jeder kann oder will diese aufbringen und schließt eher seinen Betrieb. Im günstigsten Fall kommt er mit der Auflage davon, die Fenster geschlossen zu halten, was zu einer weiteren Belastung des Personals führt.

Hauptgrund für den Rückgang der Bäckereien sind aber die rasanten Mietsteigerungen. Diese setzten in Westberlin schon Ende der 1980er Jahre ein. So gab die Bäckerei Mayer zum 1. Mai 1989 ihre Filiale in der Rheinstr. 47 auf, weil nach einem Eigentümerwechsel statt der 1200 DM für den 25 qm großen Laden 2800 DM gefordert wurden.

Richtig los ging es nach der Wiedervereinigung. Zunächst bekamen es die Ostberliner Bäcker zu spüren. Nicht nur neue Eigentümer, sei es durch Rückübertragung, sei es durch Kauf, sondern auch die kommunalen Wohnungsbaugesellschaften erhöhten die Mieten kräftig. Ohne Rücksicht auf bestehende Mietverträge zwangen sie manchen Bäckermeister zum Aufgeben. Z. B. zahlte der Bäckermeister in der Eugen-Schönhaar-Straße 1989 für seine 140 qm große Bäckerei 400 Ostmark; als er 2005 seine Bäckerei schloss, war er bei 4000 € Miete angelangt.

Auch in Westberlin schlossen etliche gutgehende Betriebe wegen der Mieterhöhungen. Und noch schwieriger wurde es, eine Nachfolge zu finden, da jeder Mieterwechsel fast immer zum Anlass für eine Mieterhöhung genommen wurde. Glücklicherweise gibt es Vermieter, die es als Bereicherung sehen, eine Bäckerei im Hause zu haben und daher nicht nur auf die Miete schauen.

# 49 BIO-BÄCKER – DIE „JUNGEN WILDEN" LEITEN EINE WENDE EIN

1977 eröffnete Heinz Weichardt die erste Vollkornbäckerei in Berlin streng nach Demeter-Richtlinien. Er war damit der erste hier ansässige Bäcker, der sein Mehl selbst im Haus mahlte. Aber schnell folgten die nächsten Vollkornbäckereien, alle von jungen Leuten betrieben. Sie waren nicht unbedingt konsequente Anthroposophen, aber sie wollten unter dem Einfluss der 1968er Revolten beim Brot zurück zur Natur als Alternative zu den zunehmend mit Fertig-Backmischungen arbeitenden Bäckereien. Berlin war damals quasi die Spielwiese für linksalternativ eingestellte junge Menschen, die zum größten Teil aus Westdeutschland kamen, man denke nur an die Hausbesetzerszene oder

Mühle im Hinterhaus der Bio-Bäckerei „Brotgarten" in Charlottenburg. (Foto Brotgarten)

an die 1978 gegründete AL (Alternativen Liste für Demokratie und Umweltschutz).

Fast alle Vollkornbäckereien, wie sie sich nannten, verstanden sich auch als gesellschaftliche Alternative und arbeiteten als Kollektive, in denen jeder alles machen können sollte. Alle waren gleichberechtigt und verdienten gleich viel. Man sah sich auch nicht als Konkurrenten, denn alle hatten das gleiche Problem: „Bio" war noch kein Thema und somit die Rohstoffbeschaffung wesentlich komplizierter als heute. Hinzu kam: Westberlin fehlte es an Hinterland, man musste das Getreide von ökologisch handelnden Bauern aus Westdeutschland organisieren.

Als Urzelle der Bio-Bäckereien gilt der 1979 eröffnete Brotgarten in Charlottenburg, in dem neben anderen die Gründer des „Bio-Backhauses" und von „Märkisches Landbrot" ihre Bio-Bäcker-Karriere starteten. Anfang der 1990er Jahre wurde die erste Bio-Bäckerei gegründet, die auch Weizenmehl verarbeitete. Es dauerte zwar einige Jahre, aber dann boomte nicht nur diese Bäckerei, die in die ehemalige Großbäckerei der Kaufhauskette Karstadt umzog. Generell mehrte sich die Zahl der Bio-Bäcker in Berlin. Der größere Teil der Bäckereien, die in den letzten zehn Jahren (Stand 2024) neu gegründet wurden, sind Bio-Bäckereien.

Viele der Bio-Bäckereien lassen sich ihr Getreide direkt von Bio-Bauern liefern und vermahlen es selbst in eigenen kleinen Mühlen in ihren Backstuben, jeweils nur so viel, wie pro Tag gebraucht wird.

## 50 KONKURRENZ DURCH „AUF-BÄCKER" FÜHRT ZUR RÜCKBESINNUNG AUF ALTE HANDWERKSTRADITIONEN

Mit dem Aufkommen industriell hergestellter, fertig bearbeiteter und geformter Stücke rohen Teiges, der sog. Teiglinge, die dann tiefgekühlt vertrieben wurden, vervielfältigte sich seit der zweiten Hälfte der 1990er Jahre das Angebot an Brötchen im Handel. „Teiglinge ermöglichen es Backwarenverkaufsständen in Supermärkten, an Bahnhöfen oder in Tankstellen, frisch gebackenes Gebäck und Brot anzubieten, ohne dass eine Backstube vorhanden sein muss. Das Ausbacken von Teiglingen kann auch von ungelernten Hilfskräften mit stationären Backöfen erledigt werden (‚Ladenbacken')", schreibt Wikipedia.

Eine Gewerbeerlaubnis für die Eröffnung eines Backshops reicht und Tariflohn ist auch nicht zu zahlen. Folgerichtig können die Backshops ihre Backwaren billiger anbieten als die handwerklichen Bäckereien und machen ihnen damit erhebliche Konkurrenz.

Die schnelle Verbreitung der „Auf-Bäckereien“ führte bei den meisten der nach der Jahrtausendwende in Berlin noch existierenden Handwerks-Bäckereien zu einem Umdenken. Da man preislich nicht mit den industriell gefertigten Teiglingen konkurrieren konnte, musste eben die Qualität der handwerklich gefertigten Backwaren wieder steigen, um sie deutlich von den Industrieprodukten unterscheidbar zu machen. Man besann sich auf seine alte Handwerkskunst, verabschiedete sich von Backmischungen und chemischen Zusätzen und kehrte zur echten Handwerksarbeit zurück. Zwar verbannte man die Technik aus der Backstube nicht, aber die Teigführung erfolgte wieder wesentlich bewusster und geruhsamer, vor allem wurde der Sauerteig wieder selbst hergestellt. Von den Bio-Bäckern schaute man sich das eine oder andere ab und achtete mehr auf die Herkunft der Rohstoffe.

Zusätzlich nutzte man die Flexibilität, die das handwerkliche Backen ermöglichte, um neue Gebäck- und Brotsorten zu entwickeln und sich auch dem steigenden Ernährungsbewusstsein der Kunden anzupassen.

Die Mehrheit der Berliner Handwerksbäckereien stellt ihr Brot mit Natursauerteig her, so wie z. B. die Bäckerei Rajemann in der Kastanienallee. (Foto Bäckerei Rajemann)

# 51 WIEDER EINE BERLINER BÄCKER-INNUNG FÜR GANZ BERLIN 1990

Am 22. Februar 1990 erließ die Regierung Modrow die „Verordnung über die Organisation des Handwerks“, die am 16. März im Gesetzblatt veröffentlicht wurde. §2 dieser Verordnung besagte, dass die Organisation der Interessensvertretung und Selbstverwaltung des Handwerks durch Innungen und Handwerkskammern erfolgen solle. Auch wenn damit den Innungen in der DDR erstmals seit 1946 wieder ein Rechtsstatus zuerkannt wurde, nützte es den Innungen in Berlin nur noch wenig. Nach den ersten und letzten freien Wahlen in der DDR am 18. März war klar, dass es zu einer Wiedervereinigung Deutschlands kommen würde und es dann nicht zwei Innungen desselben Handwerks in einer Stadt geben dürfe.

Schon auf der Grünen Woche 1989 war es aufgrund der Initiative von Hartmut Spaethe (geb. 1942), dem Vorsitzenden der Bäcker-ELG in Ostberlin, zu einer Kontaktaufnahme zwischen den Vorständen der Bäcker-Innung und der ELG gekommen, die zu mehreren Treffen in Ostberlin führte und auch nach dem Mauerfall nicht endete. Beide Organisationen des Backhandwerks überlegten sehr schnell, wie sie im fachlichen Bereich dem Informationsbedarf der Ostberliner Bäcker nachkommen könnten. Denn bei den Ostberliner Bäckern hatte es sich schnell herumgesprochen, dass die technische Ausstattung und das Angebot an Backhilfsmitteln in Westberlin wesentlich breiter und besser war als in Ostberlin.

Bereits Ende Februar/Anfang März 1990 gab es in der ELG eine Ausstellung moderner Bäckereimaschinen für kleinere Betriebe. Organisiert hatte die ELG diese Ausstellung mithilfe der BÄKO in Duisburg, zu der der ELG-Vorsitzende persönliche Kontakte hatte. Die Westberliner Innung veranstaltete vom 26. bis 30. März 1990 in der Kärntener Straße eine Veranstaltungswoche für Ostberliner und Brandenburger Bäcker, für die die Organisationsarbeiten im Januar anliefen. Etliche Vertreter wurden angesprochen und überließen der Innung kostenlos Material für Vorführungen in dieser Woche. Pro Tag sollten 110 Kollegen eingeladen und durch die verschiedenen Angebote, darunter neben Backvorführungen auch Vorträge zu Kalkulationsfragen, Buchhaltung und Marketing, angesprochen werden. Unterstützt wurde diese Veranstaltung von etlichen Meisterfrauen und Schülern der Fachschule. Geschäftsführer Heinrich Jünemann stand mit einem Walkie-Talkie im Eingang, empfing die Besucher und ließ sie gruppenweise ins Haus, sobald wieder Platz in den Innungsräumen für die nächste Gruppe war. Diese Informationswoche wurde von den Besuchern sehr positiv wahrgenommen.

Schon im Januar 1990 hatte der Vorstand Martin Trümper, seit den 1980er Jahren bis 2005 Leiter der Fachschule in der Kärntener Straße, aufgefordert, sich Gedanken zu machen über ein Kursangebot für die Ostberliner Kollegen. Es war klar, dass es hier nicht nur um bäckerspezifische, sondern um Wirtschaftskurse gehen sollte. Rund 40 Jahre war den Ostberliner Bäckern untersagt gewesen, die Preise für ihre Backwaren selbst zu kalkulieren; Preise und Zusammensetzung der Backwaren waren vorgeschrieben. Die Kurse begannen ab Mai 1990.

Im Januar 1991 stellte die Bäcker-Innung Berlin einen Betriebsberater ein, der die Mitglieder der Bäcker-Innung und des Landesverbandes umfangreich beriet, sei es zu Backtechnologie, Umbaumaßnahmen, Kreditaufnahmen oder Anträgen auf Fördermittel, Rentabilitätsprüfung und vieles mehr.

Da Ost- und Westberliner Innungen unterschiedliche Rechtsformen hatten, konnten sie nicht fusionieren, sondern die Bäcker-Innung Berlin (Ost) löste sich nach der Wiedervereinigung auf und es war ihren Mitgliedern freigestellt, ob sie der Bäcker-Innung Berlin beitreten wollen.

Zuvor war es zwischen den Vorständen der beiden Innungen nicht immer ganz harmonisch abgelaufen. Anbetracht der Tatsache, dass beide ungefähr gleich viele Mitglieder hatten, schlug der Ostberliner Innungsvorstand vor, dass der Westberliner Vorstand zurücktrete und Neuwahlen für einen Gesamtberliner Vorstand stattfinden sollen. Dies lehnte die Westberliner Innung ab. Stattdessen beschloss man, dass pro 50 Ostberliner Mitglieder ein Ostberliner Vorstandmitglied hinzukommen solle. Bis Ende 1991 waren insgesamt 125 Bäckermeister aus Ostberlin der Bäcker-Innung Berlin beigetreten. Hartmut Spaethe z. B. bevorzugte es, in die Konditor-Innung einzutreten, in der er sofort stellvertretender Obermeister wurde und von 1996 bis 2012 mehrmals zum Obermeister gewählt wurde, bis er sich in den Ruhestand begab.

Ost- und Westberliner Vorstandsmitglieder bei einer Feier, v.l.n.r. Dieter Schnell, stellvertretender Vorsitzender der ELG, Hartmut Spaethe, Vorsitzender der ELG, Gert-Günter Rateitschak, stellvertretender Obermeister der (West-) Berliner Bäcker-Innung, Heinrich Jünemann, Geschäftsführer der (West-) Berliner Bäcker-Innung, Foto 1989. (Sammlung Spaethe)

# 52 GRÜNDUNG DES BÄCKER- UND KONDITOREN-LANDESVERBANDES BERLIN-BRANDENBURG

Schon seit November 1989 rumorte es unter den Handwerkern in der Noch-DDR. Es wurde zunehmend Kritik an der verfehlten Handwerkspolitik der DDR laut. Im Januar 1990 trat der Vorstand der Handwerkskammer Berlin (Ost) zurück, nachdem ihm 14 ELGs das Misstrauen ausgesprochen hatten. Der neue, zunächst provisorisch amtierende und am 31. März 1990 gewählte Ostberliner Handwerkskammer-Vorstand forderte die Handwerker auf, möglichst schnell wieder Innungen zu gründen. Auch die Handwerkskammern in Brandenburg hatten Anfang 1990 die Handwerker ihres Einzugsbereichs ermuntert, aus den „Berufsgruppen" wieder Innungen zu bilden. So wurden mehrere Bäcker-Innungen gegründet, häufig unterstützt durch Beratung seitens der Berliner Bäcker-Innung. Auf Initiative von Karl-Heinz Prohassek, Obermeister der Berliner Bäcker-Innung von 1975 bis 1993, und Heinrich Jünemann, Geschäftsführers der Berliner Innung von 1972 bis 2004, kam es im Juni 1990 zur Gründung des Landesverbandes der Bäcker und Konditoren Berlin-Brandenburg. Zum ersten Verbandsvorsitzenden wurde Prohassek gewählt und man beschloss, die Geschäftsstelle des Landesverbandes bei der Berliner Innung anzusiedeln.

Auch in Brandenburg ging die Anzahl der Bäckereien ab 1990 zurück, außerdem änderten sich einige Innungsbereiche. Heute (Stand 2024) sind folgende Innungen Mitglied des Landesverbandes: Bäcker- und Konditoren-Innung Barnim, Bäcker-Innung Berlin, Bäcker- und Konditoren-Innung Brandenburg/Belzig, Bäcker- und Konditoren-Innung Germania (Oder-Spree), Lausitzer- und Spreewälder Bäcker- und Konditoren-Innung, Bäcker- und Konditoren-Innung Oberhavel, Bäcker- und Konditoren-Innung Potsdam, Bäcker- und Konditoren-Innung Prignitz, Bäcker- und Konditoren-Innung Teltow-Fläming und Bäcker- und Konditoren-Innung Uckermark.

Die meisten Brandenburger Bäcker-Innungen entstanden aus den lokalen Einkaufs- und Liefergenossenschaften heraus, in denen Bäcker und Konditoren fast 40 Jahre zusammen Mitglied waren. Daher bestand auch bei den Neugründungen nicht das Bedürfnis für separate Innungen für Bäcker und Konditoren, anders als in Berlin, wo es in Westberlin getrennte Innungen gab. Die Berliner Konditoren-Innung trat zwar unter ihrem Obermeister Hartmut Spaethe 2008 auch dem Verband bei, aber nachdem Spaethe sich 2012 zur Ruhe gesetzt und aus dem Amt geschieden war, trat sie unter ihrem neuen Obermeister wieder aus dem Landesverband aus.

Der Vorstand des Landesverbandes (Stand 2024). von links: Johannes Kamm, Geschäftsführer, Philipp Fumfahr, Maximilian Schöppner, Verbandsvorsitzender Tobias Exner, die stellvertretenden Verbandsvorsitzenden Christa Lutum und Heiko Paul sowie Uwe Mahlkow

# 53 WEST- VERSUS OSTSCHRIPPEN

Dass nach dem Mauerfall der Nachholbedarf der Ostberliner an westlichen Produkten immens war, ist nachvollziehbar. Für die Bäcker bedeutet es in den ersten Monaten einen massiven Einbruch ihrer Umsätze, weil die Ostberliner in den ersten Monaten nach dem 9. November 1989 zunächst meinten, dass alles, was von einem Westberliner Bäcker käme, automatisch besser sein müsste. Während sich die Westberliner Bäckereien, vor allem in Grenznähe, eines ungewohnten Kundenandrangs erfreuten, blieben die Ostberliner Bäcker auf ihren Backwaren sitzen. Lediglich die Vertreter von Backmittel- und Backmaschinenherstellern rannten ihnen die Bude ein.

Liebevoll wurde in der Bäckerei Lau und werden unter Nachfolger Marco Biesewski die durch eine Teigteilmaschine getrennten Teigballen per Hand zur typischen Schrippe geformt. Foto um 2010. (Sammlung Lau)

Von den Westberliner Backwaren wurden zunächst vor allem die großen voluminösen Brötchen bewundert und gekauft; ein Produkt, dass bei den Ostberliner Bäckern einer der Umsatzbringer gewesen war. Viele versuchten daher, ihre Schrippen-Produktion umzustellen. Sie wollten auch diese westdeutschen Schrippen herstellen, aber das war gar nicht so einfach. Zum einen fehlte das notwendige Gerät, z. B. ein Spiralkneter, zum anderen mussten sie sich erst in das breite Spektrum der Backmittelzusätze einarbeiten, im Fall der Brötchen in Emulgationsbackmittel. Als sie nach einigen Monaten den Kniff endlich raus hatten, war der Hype um die West-Schrippen aber schon wieder am Abnehmen und viele Ostberliner verschmähten nun dieses Angebot bei ihrem lokalen Bäcker und wollten wieder die Ost-Schrippen haben. Eine Zeit lang wurden dann oft beide Sorten im Angebot geführt, zunehmend kehrte man aber zur – verbesserten – Produktion der Ostbrötchen zurück. Verbessert, da inzwischen auch viele Ostberliner Bäcker bessere Knet- sowie Brötchenwirk- und Teilmaschinen angeschafft hatten. Auch die angebotene Mehlqualität war nun gleichbleibender gut, was in DDR-Zeiten nicht immer der Fall war

# 54 RÜCKÜBERTRAGUNG DER INNUNGSHÄUSER – TEILWEISE ERFOLGREICH

Beide Innungshäuser hatten im Krieg Schaden erlitten. Im Germania-Haus in der Chausseestraße lagen die „Germania-Festsäle“ in Ruinen, das Vorderhaus war aber bis auf massive Putz- und Fensterschäden unzerstört, sodass die Innung es wiederherrichten und spätestens ab Anfang 1948 als Innungshaus nutzen konnte. Im Februar 1948 führte Obermeister Drewitz stolz einige Pressevertreter durch das wiederhergestellte „Haus des Bäckerhandwerks“.

Blick auf das ehemalige Germania-Haus in der Chausseestraße 110, das in den Kriegsjahren seinen Fassadenschmuck eingebüßt hatte. (Foto BIB)

Auf dem Grundstück Andreasstr. 64/ Krautstr. 38 waren nur die beiden Vorderhäuser stehen geblieben, alle von der Innung genutzten Bauten waren kriegszerstört und wurden später völlig abgerissen. Da beide Häuser erst 1951 enteignet worden waren, bestanden Restitutionsansprüche, die die Bäcker-Innung 1990 beantragte.

Haus und Grundstück in der Chausseestraße 110 wurden 1994 zurückübertragen, wobei die Innung danach umgehend 300.000 DM in die notwendigsten Sanierungen stecken durfte, denn auch dieses Gebäude, in dem das Bezirksamt Mitte residiert hatte, war reichlich heruntergekommen. Das hintere Grundstück musste erst vom Vorbenutzer, einer Baufirma, geräumt werden. Schnell waren sich der Innungsvorstand und die Innungsversammlung einig, dass das hintere Grundstück, auf dem einst die „Germania-Prachtsäle“ gestanden hatten, von der Innung nicht benötigt wurde und verkauft werden sollte, was 2001 auch geschah. Der Kaufpreis wurde in einer anderen Immobilie angelegt, deren Mieteinnahmen heute dazu beitragen, dass die Innung trotz der gesunkenen Mitgliederzahl weiter ihrer Arbeit als Interessensvertretung der Berliner Bäcker nachkommen kann.

Das Haus in der Krautstraße 38 mit einer Tordurchfahrt zum im hinteren Teil des Grundstücks gelegenen, im Krieg zerstörten Concordia-Innungshaus. (Foto BIB)

Nicht erfolgreich waren die Verhandlungen um das Grundstück Andreas-/Krautstraße. 1990 zeigte sich die Wohnungsgesellschaft Friedrichshain noch sehr kooperativ und fragte bei der Innung nach, ob sie dem Umbau des Hauses zu einem Asylantenheim zustimme, was diese auch tat. Danach jedoch verhärteten sich die Fronten, da zu DDR-Zeiten die Grundstücksgrenzen verändert und Wohnungsblöcke gebaut worden waren, die nun zum Teil sowohl auf dem Grundstück des ehemaligen Innungsbesitzes als auch auf benachbarten Grundstücken standen und die Wohnungsgesellschaft verlangte, dass die Innung ihr die Wohnungen auf dem Innungsgrundstück abkaufe, was diese ablehnte.

2001, sieben Jahre nach der Rückübertragung des Innungshauses in der Chausseestraße, bezweifelte die zuständige Senatsverwaltung für Stadtentwicklung sogar, dass die Berliner Bäcker-Innung überhaupt Nachfolgerin der alten Bäcker-Innung sei. Nach langem Hin und Her, wobei das weitere Vorgehen auf vielen Vorstandssitzungen der Bäcker-Innung diskutiert wurde und bei dem vor allem die beteiligten Rechtsanwälte verdienten, wurde die Restitutionsforderung der Bäcker-Innung endgültig abschlägig beschieden.

Langwierig und der Innung zunächst vor allem Kosten verursachend waren auch die Verhandlungen über die Rückübertragung des Geländes in Falkensee, das der Zweckverband der Berliner Bäcker-Innungen 1911 gekauft hatte, um dort ein Bäckererholungsheim zu errichten. Zunächst war eine kleine Gebäudeanlage errichtet worden, die als Ausflugslokal diente. Der Erste Weltkrieg und die Inflation 1923, die alle dafür vorgesehen Gelder vernichteten, verhinderten einen weiteren Ausbau des Heims. 1934 ging das Grundstück nach der Auflösung des Zweckverbandes auf die Berliner Bäcker-Innung über.

Zu DDR-Zeiten war das Grundstück in die Hände der Handwerkskammer Potsdam gekommen, die Ausflugsgaststätte wurde verpachtet und weiter als Gaststätte „Bäckerheim" genutzt. Es erwies sich als überaus schwierig, genau nachzuvollziehen, wann und wie das Grundstück der Berliner Innung enteignet worden war, da beim zuständigen Landratsamt keine Unterlagen mehr dazu vorhanden waren. Schließlich einigte sich die Bäcker-Innung mit der Handwerkskammer Potsdam und kaufte das ihr ehemals gehörende Grundstück zurück.

Die Bäcker-Innung plante, dort ein überregionales Seminarzentrum für das Bäckerhandwerk mit Seminargebäuden, Hotel und Bäcker-Lehrwerkstatt zu bauen. Die Stadtverwaltung Falkensee, die das Gelände als Festwiese für sich haben wollte, verweigerte die Umwidmung des als Wald im Bebauungsplan ausgewiesenen Grundstücks in Bauland. Das Grundstück in Falkensee beschäftigte die Innung wiederholt, wie die Protokolle der Vorstandsitzungen zeigen. Alle Bauanträge der Innung in den folgenden Jahren, selbst für eine städtische Schule bot die Innung ihr Grundstück an, wurden von der Stadtverwaltung kategorisch abgelehnt. Stattdessen machte sie der Innung das Leben schwer, indem sie z. B. der Innung verbot, einen Zaun um das Grundstück zu ziehen. Das hatte

Auch, wenn das geplante Bäckerheim in Falkensee nie über einen Gastronomiebetrieb hinausgekommen war, so war es doch ein bei den Bäckern beliebtes Ausflugsziel, wie diese 1911 abgestempelte Postkarte zeigt.

zur Folge, dass sich etliche Bürger aus der Umgebung freuten, ihren Schutt dort abzulagern. Dieser musste dann von der Innung, wieder nach Aufforderung durch die Stadtverwaltung, kostenpflichtig entsorgt werden.

Lediglich der Teil des Grundstücks, der zu DDR-Zeiten als Gaststätte „Bäckerheim" genutzt worden war, wurde nicht als Wald ausgewiesen und 2011 an den im Sozialbereich aktiven Verein „Sterntal" verkauft, der dort ein Ferien- und Seminarheim betreibt. Auch „Sterntal" hätte gern einen weiteren Teil des Grundstücks für einen Sport- und Bolzplatz genutzt, aber auch ihm wurde dies von der Stadtverwaltung Falkensee untersagt.

Bis 2019 waren insgesamt 450.000 Euro an Kosten für das Grundstück aufgelaufen, ohne dass die Innung es irgendwie nutzen konnte, daher verkaufte sie es 2020.

# 55 UMZUG DER BÄCKER-INNUNG UND DER AKADEMIE DEUTSCHES BACKHANDWERK 2011

Neue Auflagen für den Brandschutz, die Toilettenanlagen, das Treppenhaus etc. für die Fachschule in der Kärntener Straße ab 2000 hätten erhebliche Umbaumaßnahmen in einem finanziellen Umfang verlangt, den die Innung kaum leisten konnte, zumal es dafür auch keine Fördergelder gegeben hätte. Erschwerend kam hinzu, dass das 1899/1900 erbaute Haus, 1995 unter

Denkmalschutz gestellt, in die Jahre gekommen war und generell regelmäßig größere Reparaturen benötigte. Deshalb begann ein Teil des Innungsvorstandes Ausschau nach einem neuen Innungshaus zu halten, dass vor allem genügend Raum für eine moderne und geräumige Fachschule bot. Die Wahl fiel auf ein Gebäude in der Seydlitzstraße 5 in Berlin-Lankwitz. Im Februar 2008 stimmte die Innungsversammlung dem Kauf dieses Gebäudes zu, obwohl nicht alle Innungsmeister begeistert waren, das alte Innungshaus aufzugeben. Im Juni desselben Jahres wurde das Gebäude erworben, aber es dauerte noch ein Jahr, bis der Bauantrag gestellt werden konnte. Nachdem vom Land Berlin und vom Bundesinstitut für Berufsbildung (BIBB) Fördermittel zugesagt worden waren, begannen im September 2010 die Umbauarbeiten und im April 2011 konnte die Innung in ihre neuen Geschäftsräume umziehen.

Im Juni 2011 wurde die neue Fachschule mit einem Fest eingeweiht. Auch um die Kosten für Erwerb und Umbau des Hauses in der Seydlitzstraße zu decken, wurde das alte Innungshaus in der Kärntener Straße nach dem Umzug ins neue Gebäude verkauft.

2010 wurde ein Wettbewerb ausgeschrieben, in dem Künstler Vorschläge für die „Kunst am Bau“ einreichen konnten, die deutlich einen Bezug zum Bäckerhandwerk zeigten. Den 1. Preis erhielt Birgid Helmy (geb. 1957) aus Wiesbaden für die Statue der Bäckerin, die heute auf einem Fassadenvorsprung über dem Eingang sitzt und sich das Kommen und Gehen im Innungshaus und in der Akademie anschaut.

Außenansicht der 2011 eingeweihten „Akademie Deutsches Bäckerhandwerk“ in der Seydlitzstr. 5 in Berlin-Lankwitz, in der in der ersten Etage auch die Geschäftsleitung der Bäcker-Innung ihren Sitz hat.

Fassadenfigur am neuen Innungshaus von Birgid Helmy.

# 56 ÖFFENTLICHKEITSARBEIT DER BERLINER BÄCKER-INNUNG

Seit den frühen 1950er Jahren nahm die Bäcker-Innung als Werbemaßnahme für das Berliner Bäckerhandwerk regelmäßig in mindestens einer Schaubackstube an der „Grünen Woche" in Berlin teil. Kaum ein Berliner Politiker versäumte es, sich dort sehen zu lassen.

Zu einzelnen Veranstaltungen wurde die Bäcker-Innung gebeten, mit ihrer Backkunst zum Gelingen beizutragen. 2002 bestellte z. B. die damalige Ernährungsministerin Renate Künast für die Grüne Woche eine Torte zur Einführung des Biosiegels, die dann von ihr an die Gäste verteilt wurde.

Zu den Aufgaben der Bäcker-Innung gehört auch es auch, das „Ansehen der handwerklichen Bäckereien in Berlin in Funk, Fernsehen und in der Tagespresse zu verbessern. Wir bemühen uns ständig, in den Medien präsent zu sein und nutzen hierzu jede Gelegenheit", wie die Bäcker-Innung selbst auf ihrer Webseite schreibt. Und die Innung lässt sich dafür immer wieder einiges einfallen.

1995 z. B. beschloss der Vorstand der Bäcker-Innung, gegen den Strom der Zeit schwimmend, zunächst zusammen mit der Fleischer-Innung, die Tradition der Erntedankgottesdienste wieder unter dem Dach die Innung aufzunehmen. Von 1995 bis 2006 wurde zusammen mit der Fleischer-Innung ein ökumenischer Erntedankfest-Gottesdienst im Berliner Dom gefeiert, für dessen Ausschmückung die beiden Innungen aufkamen. Der Gottesdienst war viel besucht und wurde gut aufgenommen, sodass die Innung diese Erntedankgottesdienste weiter fortsetzte, ab 1996 ergänzt mit dem Brotfest am Alexanderplatz. Bis 2016 fanden, immer am letzten Wochenende im September, Brotfest am Alexanderplatz und Erntedankgottesdienst statt, ab 1998 in der St. Hedwigs-Kathedrale. 2017 musste die Innung schweren Herzens das Brotfest absagen, weil es nicht mehr genug Innungsbäcker gab, die dafür das Personal bereitstellen konnten. So fand 2017 nur noch der ökumenische Erntedankgottesdienst in der St. Norbert-Kirche in Schöneberg statt, bevor auch diese „neue" Tradition wieder eingestellt wurde.

Nachdem die Pandemie 2020 und 2021 alle öffentlichen Aktionen praktisch unmöglich gemacht hat, wurde 2022 die 750-Jahr-Feier der Innung groß gefeiert und war auch in den Medien präsent. Nicht viele Innungen können auf solch eine lange Geschichte zurückblicken.

links oben: Entworfen und gebacken wurde die Bio-Siegel Torte für die Grüne Woche 2002 in der Fachschule der Bäcker-Innung von Christophe Stolarczyk (rechts), der 2002 seine Meisterprüfung absolvierte, und Bäcker- und Konditormeister Hans-Joachim Grumm (links), von 1992 bis 2004 Lehrer an der Fachschule. (Sammlung Grumm)

rechts oben: Erntedankfest-Gottesdienst in der St. Hedwigskathedrale zusammen mit der Fleischer-Innung, Foto 1996. (Sammlung Berning)

links unten: Im Januar 2022 fand zum Auftakt der 750-Jahrfeier der Berliner Bäcker-Innung ein Presseempfang hoch oben auf dem Berliner Fernsehturm statt.

# 57 QUALITÄTSPRÜFUNGEN

Schon 1946 hatte die Berliner Bäcker-Innung wieder ein Laboratorium zur Brotprüfung eingerichtet. Damals vor allem, um Klagen über die Brotqualität einiger Bäckereien zu überprüfen, die das Ernährungsamt nur zu gern glaubte, und auch, um zu testen, wie mit den ständig wechselnden Mehlqualitäten verfahren werden musste, um vernünftiges Brot herzustellen.

In den 1950er Jahren wurde vom Zentralverband des Bäckerhandwerks ein „Qualitätsprüf- und Beratungsdienst“

eingerichtet, der bei den jeweiligen Innungen angesiedelt war, also auch bei der Berliner Bäcker-Innung angeboten wurde. Heutzutage hat das „Deutsche Brotinstitut" diese Aufgabe weitgehend übernommen und führt Brot-, Brötchen und Feingebäckprüfungen in der gesamten Bundesrepublik bei den Bäckern durch, die sich regelmäßig ihre Qualität von Fachleuten bestätigen lassen wollen. Auch in Berlin finden diese Qualitätsprüfungen regelmäßig statt, wobei die Fachschule oft die Brotprüfer beherbergt.

Qualitätsprüfung für Brot durch die Berliner Innung, 1960er Jahre. Vorn links am Tisch Bäckermeister Richard Grumm, der sich sowohl in der Berliner Innung als auch im Fachverein engagierte. (Sammlung Grumm)

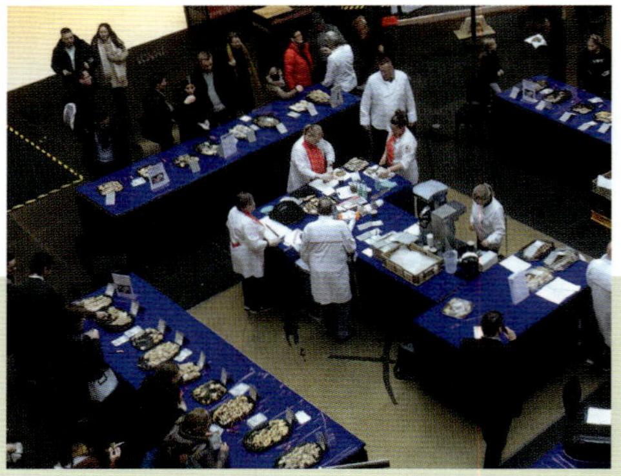

In der Vorweihnachtszeit gibt es vom Deutschen Brotinstitut auch Stollenprüfungen. Und die Innung veranstaltet Stollenverkostungen, bei denen das Publikum sein Votum für die beste Stolle abgeben kann. Sie finden jedes Jahr in einem anderen Berliner Einkaufszentrum statt, so 2019 in der „Mall of Berlin". (Sammlung BIB)

# 58 DIE GOLDENE BREZEL

2003 begannen unter Obermeister Hans-Joachim Blauert, gleichzeitig Vorsitzender des Landesverbandes der Bäcker und Konditoren, Überlegungen, ein besonderes Qualitätssiegel für Innungs-Bäckereien einzuführen, das alle zwei Jahre, alternierend an Berliner und Brandenburger Bäcker verliehen werden sollte.

Um diese Auszeichnung zu bekommen, muss die sich bewerbende Bäckerei nachweisen, dass sie ein qualifizierter Ausbildungsbetrieb ist, ihre Backwaren handwerklich ohne Backmischungen herstellt, im Geschäft Verkäufer/Verkäuferinnen hat, die die Kunden kompetent beraten können, ihre Backwaren – Brot, Brötchen, Feingebäck – alle sechs

Monate zur Qualitätsprüfung vorgelegt hat und regelmäßig an Weiterbildungsmaßnahmen teilgenommen hat. 2005 gab es die Goldene Brezel erstmals für die Berliner Bäcker, 26 Betriebe bewarben sich, von denen 21 die Auszeichnung bekamen. Mittlerweile hat sich in Berlin ein „harter Kern" von „Goldbrezelern" herausgebildet, die alle zwei Jahre die Mühen auf sich nehmen, um wieder diese Auszeichnung zu bekommen.

Die Goldene Brezel, ein Zeichen für allerbeste Qualität: Am 19. Januar 2024 fand im Rahmen der Grünen Woche in Berlin wieder die Verleihung der Goldenen Brezel an 14 Berliner Innungsbäckereien statt, 2. von links der Regierende Bürgermeister Kai Wegner. (Foto BIB)

## 59 BERATUNG DURCH DIE BERLINER BÄCKER-INNUNG

Es ist vielleicht ein Zeichen der Zeit, dass der aktuelle Geschäftsführer der Innung, Johannes Kamm, zwar aus einer Bäckerfamilie stammt, aber Jurist ist. Immer wieder gibt es Verordnungen, die auch das Bäckerhandwerk betreffen. Angefangen von A wie Arbeitsschutz über Bauverordnungen, Hygiene, Lärmschutz, Lebensmittellagerung bis zu Verbraucherschutz und Verpackungsordnung existieren zahlreiche Verordnungen, teilweise deutschlandweit, teilweise Bundesland-spezifisch. Neue kommen hinzu, alte werden aktualisiert, andere entfallen und es kostet Zeit, sich selbst immer über den aktuellen Stand zu informieren. Zumindest was den eigenen Betrieb betrifft, um nicht plötzlich aus Unwissen mit einem Bein im Gefängnis stehen zu müssen. Hierbei hilft die Innung mit Rundschreiben und weiterführenden Beratungen, wenn diese angefragt werden.

# 7.

# Lehrling, Geselle und Meister – der Dreiklang im Handwerk

Albert Schröder (1882–1945), Sohn von Carl Schröder, Bäcker in Tempelhof, als Lehrling beim Backwarenaustragen um 1895. Das Foto wurde in einem Fotoatelier aufgenommen. (Sammlung Prohassek)

# 60 LEHRJAHRE SIND KEINE HERRENJAHRE

In den Privilegien der Berliner Bäcker von 1272, 1582 und 1735 wurde jedes Mal bestätigt, dass die Lehrlingsausbildung Sache der Innung sei. Modalitäten wie das dem Meister zu zahlende Lehrgeld, Dauer der Lehre, Kost und Logis wurden teilweise recht detailliert in diesen Privilegien geregelt, aber inhaltlich wurde nicht festgelegt, welche Fertigkeiten ein Lehrling eigentlich in seiner Lehre lernen sollte. Das Gleiche gilt auch noch für das Jahr 1851 aufgrund der neuen Gewerbeordnungen von 1845 und 1849 sowie dem 1851 neu erlassenen Innungsstatut der Bäcker-Innung, bei dessen Abfassung man sich weitgehend an dem 1849 vom Magistrat verabschiedeten Musterstatut für Innungen orientierte. Konnten die Eltern sich das Zahlen des Lehrgeldes nicht leisten, wurde zumeist im Lehrvertrag eine längere Lehrdauer vereinbart, statt drei also vier Jahre. So konnte der Meister noch länger von der Arbeitskraft des Lehrlings profitieren, ohne ihm Lohn zahlen zu müssen. Viele Meister dürften in ihren Lehrlingen wohl eher billige Arbeitskräfte, die bis ins 19. Jahrhundert hinein auch im Haushalt mithelfen mussten, denn zukünftige Fachkräfte gesehen haben. So gehörte zu den vielen Pflichten der Lehrlinge auch das Austragen von Backwaren zu den Kunden.

# 61 FLEISSIG UND UNVERDROSSEN SOLL ER SEIN – DER LEHRLING IM 19. JAHRHUNDERT

Pflegeleicht und fleißig sollten die Lehrlinge vor allem sein, und die Gesellen, die bis in die 1920er Jahre auch größtenteils in Kost und Logis bei ihrem Arbeitgeber lebten, bitte auch. Deutlich wird das in dem Lehrzeugnis des Lehrherrn von Johann Mayr, der 1912 die Bäckerei Mayr in Schöneberg eröffnete, die heute noch in Familienhand ist. Zu seinen fachlichen Kenntnissen wird nur angemerkt, dass er geschickt sei. Was er nun eigentlich in der Lehre gelernt hat und kann, wird nicht erwähnt. Dafür aber, dass er zuverlässig, fleißig und brav ist. Das interessierte vermutlich seine künftigen Arbeitgeber auch mehr als die Note in seiner Gesellenprüfung.

Lehr-Zeugniß.

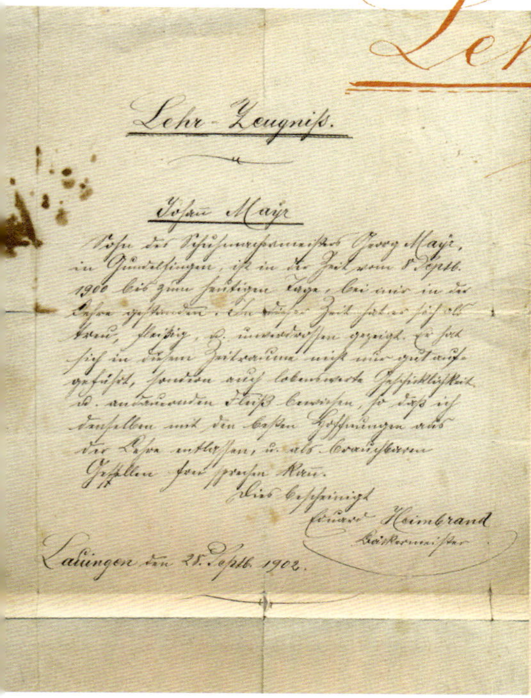

Lehr-Zeugnis

Johann Mayr
Sohn des Schuhmachermeisters Georg Mayr in Gundelfingen ist in der Zeit vom 8. Sept. 1900 bis zum heutigen Tage bei mir in der Lehre gestanden. In dieser Zeit hat er sich als treu, fleißig und unverdrossen gezeigt. Er hat sich in diesem Zeitraum nicht nur gut aufgeführt, sondern auch lobenswerte Geschicklichkeiten und andauernden Fleiß bewiesen, so daß ich denselben mit den besten Hoffnungen aus der Lehre entlassen und als brauchbaren Gesellen freisprechen kann.

Dies bescheinigt
Eduard Heimbrand
Bäckermeister
Lauingen, den 25. Sept. 1902

# 62 WAS MUSS EIN LEHRLING FÜR DIE GESELLENPRÜFUNG KÖNNEN – ERST SEIT 1849 EIN THEMA

Erst Mitte des 19. Jahrhunderts wurde in Preußen durch die Gewerbeordnung von 1845 verfügt, dass die Lehrlingszeit auch mit einer praktischen Prüfung abgeschlossen werden soll. Nun musste sich die Berliner Bäcker-Innung überlegen, welche Fertigkeiten überhaupt abgeprüft werden sollten und legte als Prüfungsaufgaben das Anfertigen von Roggenbrot-, Weißbrot-, Milchbrot, Semmel-, Schrippen und Salzkuchenteig sowie das entsprechende Formen fest. Das Abbacken gehörte nicht zu den Aufgaben des Prüflings.

Mit der Gewerbeordnung für das Deutsche Reich von 1883 wurde das Gewerberecht reichsweit vereinheitlicht, also spätestens seit diesem Zeitpunkt beinhaltete die Gesellenprüfung in ganz Deutschland einen praktischen Teil.

Bereits 1874 war der „Germania-Zentralverband der Deutschen Bäcker-Innungen" gegründet worden, der 1885 ein Prüfungszeugnis-Formular in sein Angebot aufnahm, das reichsweit gerne verwendet wurde, da in diesem Prüfungszeugnis auch die Nummer des

Verbandsbuches – das damals übliche Arbeitsbuch – eingetragen wurde. Das Verbandsbuch war bei der Wanderschaft sehr hilfreich und wurde reichsweit anerkannt.

Reinhold Grumm (1883–1942) erhielt im April 1902 nach vierjähriger Lehre die Nr. 11 877. Wie der größte Teil der Bäcker, die Anfang des 20. Jahrhunderts eine Bäckerei in Berlin eröffneten, stammte auch Grumm nicht aus Berlin, sondern aus einem Dorf in der Nähe von Friedeberg/Neumark (heute Strzelce Krajeńskie in Polen). 1910 eröffnete er eine Bäckerei in der Lehrter Straße 46 in Berlin. (Sammlung Grumm)

Prüfungs-Zeugniß.

Der Bäckerlehrling
Reinhold Grumm
geb. den 6 ten November 1883 zu [illegible]
welcher vom 1 ten April 1898 bis 1 ten April 1902
bei dem Meister R. Meier in Driesen
das Bäckerhandwerk erlernte, hat dargethan, daß er die im Bäckergewerbe erforderlichen Handgriffe und Fertigkeiten mit genügender Sicherheit ausübt, und vor dem unterzeichneten Ausschuß seine Prüfung Gut bestanden.

Driesen, den 2 ten April 1902.

Der Prüfungs-Ausschuß.
Vorsitzender:
Julius Müller
Rudolf Meyer

Lehr-Brief.

Der Bäckerlehrling
Reinhold Grumm
geb. den 6 ten November 1883 zu [illegible]
wurde auf Grund des Prüfungs-Zeugnisses heut vor versammelter Innung zum Gesellen gesprochen und zu Urkund dessen ihm dieser Lehr-Brief unter Beidrückung unseres Innungssiegels ausgefertigt.

Driesen, den 2 ten April 1902.

Der Vorstand der Bäcker-Innung
zu Driesen
[illegible]
Obermeister.

Inhaber hat das Arbeitsbuch Nr 11877 erhalten.

# 63 DAS GERMANIA-ARBEITSBUCH – WANDERNDE GESELLEN ODER WANDERNDES GESINDEL

Auf der dritten und vierten Seite eines jeden Germania-Arbeitsbuches finden sich folgende Erläuterungen: „Der Zweck des Arbeitsbuches ist: Eine durchaus nothwendige Kontrolle herzustellen und zu verhindern, daß contraktbrüchige Lehrlinge oder zugelaufenes Gesindel als Bäckergesellen Arbeit finden, dem Meister Nachtheile bereiten und die Ehre der Gesellenschaft schädigen.

Diese Controlle wird in nachfolgender Weise gehandhabt:

a) Ein jeder arbeitssuchende Geselle muß sich im Besitze eines Arbeitsbuches befinden.

b) Dieses Arbeitsbuch muß vom Meister-Vorstande der Innung ausgestellt, unterschrieben und mit dem Innungsstempel versehen sein.

c) Ein Arbeitsbuch darf dem Arbeitssuchenden nur dann ausgestellt werden, wenn er einen regelrechten Lehrbrief besitzt oder sonst genügend nachweisen kann, dass er die Lehrzeit ordnungsgemäß beendet und die Bäckerei erlernt hat.

d) In den Städten, wo ein Arbeits-Nachweisbureau für Bäckergesellen eingerichtet ist, muß der Geselle bei Meldung um Arbeit das Arbeitsbuch im Bureau abgeben. Bei Arbeits-Nachweis erhält der Geselle dann das Arbeitsbuch zurück, um es dem betreffenden Meister bei Antritt der Arbeit zu geben. Der Meister trägt Datum des Arbeitsantritts ein und behält das Buch, bis das Arbeitsverhältnis gelöst ist.

e) Das Arbeitsbuch wird dem Gesellen unter Zahlung von 30 Pf. Schreibegebühren ausgestellt und übergeben; es bleibt aber Eigenthum des Bundes Germania und kann durch Beschluß der Innungs-Vorstandes dem Gesellen jederzeit wieder abgenommen werden, wenn er sich dieses Ausweises als unwürdig erwiesen hat.

f) Um Mißbrauch zu vermeiden, hat jeder Geselle oder Gehilfe seinen Namen selbst an der dazu angegebenen Stelle in Gegenwart des Ausstellers einzuschreiben.

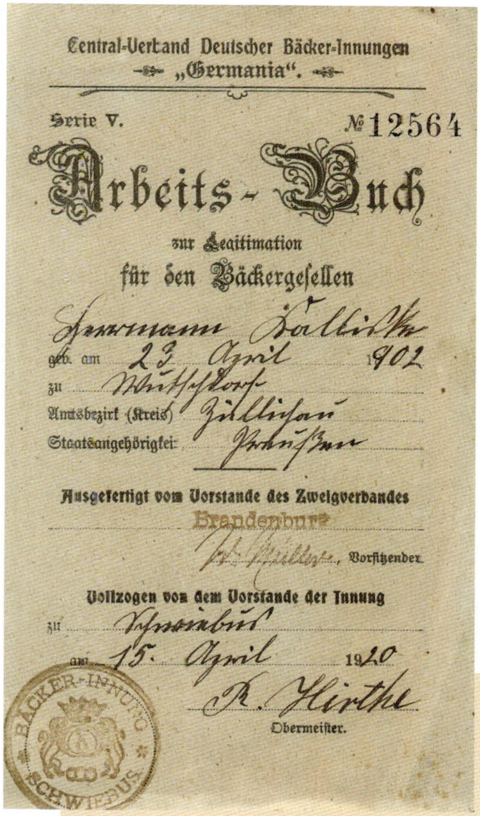
Central-Verband Deutscher Bäcker-Innungen
„Germania".

Serie V. №12564

Arbeits-Buch
zur Legitimation
für den Bäckergesellen

Hermann Kalliske
geb. am 23. April 1902
zu Wutschdorf
Amtsbezirk (Kreis) Züllichau
Staatsangehörigkeit Preußen

Ausgefertigt vom Vorstande des Zweigverbandes
Brandenburg
Vorsitzender.

Vollzogen von dem Vorstande der Innung
zu Schwiebus
am 15. April 1920
R. Hirthe
Obermeister.

Bäcker-Innung Schwiebus

Titelseite des Germania-Arbeitsbuchs von Hermann Kalliske (1902–1983) aus Wutschdorf, Amt Zillichau (heute Sulechów in Polen). (Sammlung Kalliske)

g) Das Arbeitsbuch darf zu Führungs-Attesten nicht benutzt werden.

h) Gesellen, welche ein Arbeitsbuch nicht aufweisen können, haben keinen Anspruch auf Arbeit bei den Mitgliedern des Verbandes ‚Germania'.

Berlin, den 15. April 1885

Der geschäftsführende Vorstand der ‚GERMANIA', Central-Verband deutscher Innungen."

# 64 DIE SORGE DER OBRIGKEIT UND DER MEISTER VOR DER EINFÜHRUNG DES GERMANIA-ARBEITSBUCHES

Auch schon vor der Einführung des Arbeitsbuches des Zentralverbandes bestand (nicht nur) bei den Meistern das Bedürfnis, dass sich die arbeitsuchenden Gesellen irgendwie legitimieren konnten und nicht zum herumziehenden „Gesindel" gehörten. Deshalb wurden vor Einführung des Germania-Arbeitsbuches die Beurteilungen häufig in den – befristeten – Reisepass eingetragen und von der lokalen Polizei abgezeichnet.

Reisepass des Bäckergesellen Carl Schröder (1853–1939) aus Claushagen in der Uckermark, gültig vom 22. Oktober 1874 bis 22. Oktober 1875. Nicht der Arbeitgeber stellte das Arbeitszeugnis aus, sondern die Polizeibehörde, wobei nur wichtig war, dass der Geselle sich gut benommen hatte. (Sammlung Prohassek)

# 65 STATIONEN EINER WANDERUNG – FESTGEHALTEN IM ARBEITSBUCH

Nach der Gesellenprüfung war es bis ins 20. Jahrhundert üblich, dass der Geselle auf Wanderschaft ging und in anderen Orten in Bäckereien arbeitete, um sein Wissen und seine Fertigkeiten zu erweitern. Johann Mayr blieb nach seiner Gesellenprüfung noch vier Monate bei seinem Ausbilder in Lauingen, dann wanderte er weiter nach Stuttgart, wo er drei Monate arbeitete. Elf Monate blieb er dann bei einem Bäcker in Berg. Die nächste Station war für gut zwei

Jahre ein Bäckermeister in Hofheim und dann zog es ihn in den Berliner Raum. Am 31. März 1906 nahm er seine Tätigkeit bei Bäcker Brükmann in Charlottenburg auf, wechselte im Oktober 1907 nach Schlachtensee, wo er es aber nur drei Monate aushielt. In den folgenden vier Jahren arbeitete er bei drei weiteren Bäckermeistern in Berlin und Charlottenburg, bis er 1912 die Meisterprüfung bestand und sich in Schöneberg in der Ebersstraße selbständig machte.

## 66 SEIT 1903 – MEISTERPRÜFUNG VOR DER HANDWERKSKAMMER

Ziel vieler Bäckergesellen war die Meisterprüfung, um sich dann möglichst selbständig zu machen. Bis Ende des 17. Jahrhunderts hatte das Berliner Bäcker-Gewerk die Möglichkeit, festzulegen, wie viele Bäcker es in der Stadt geben sollte. Damit war es aber 1693 vorbei, als Kurfürst Friedrich III. von Brandenburg verfügte, dass es keine Begrenzung der Meisterzahl auf Berliner Gebiet mehr geben dürfe. Wer einen Meistertitel und genügend Geld hatte, um Bürgerrecht und Haus zu erwerben, dem war es gestattet, in Berlin eine Bäckerei aufzumachen. Auch durfte jeder Meister so viele Gesellen und Lehrlinge haben, wie er es sich leisten konnte.

Allerdings hatte die Sache einen Haken: Es mussten genügend finanzielle Mittel vorhanden sein, um Bürgerrecht und Haus zu kaufen. Da zuvor auch schon die Kosten für die Meisterprüfung angefallen waren – bis Anfang des 19. Jahrhunderts ca. 200 Rthlr – einschließlich der Ausgaben zum anschließenden „Meisterschmaus" der künftigen Meisterkollegen, handelte es sich um keine geringe Summe Geld.

Das änderte sich ab 1810 mit der Einführung der Gewerbefreiheit. Es gab zwar weiterhin Innungen, aber man durfte auch ohne Innungsmitgliedschaft und Meisterbrief als sog. Patentmeister eine Bäckerei eröffnen. Voraussetzung war nur, dass man das Bürgerrecht besaß und einen Gewerbeschein erwarb. Gerade bei der Brotherstellung zeigte sich aber, dass doch gewisse Kenntnisse der Qualität des Brotes zugutekamen. Und so wurde 1849 mit einer neuen Gewerbeordnung die Meisterprüfung wieder eingeführt. Allerdings musste sie nicht von der Innung abgenommen werden. Der Kandidat konnte auch zu einem kommunalen Prüfungsausschuss gehen. Neben der Teigherstellung und -formung hatte der angehende Meister ebenso nachzuweisen, dass er die Backwaren auch abbacken kann.

1869, mit Einführung der Gewerbefreiheit im Norddeutschen Bund, an dessen Spitze Preußen stand, wurden alle Beschränkungen wieder aufgehoben: Weder Meisterprüfung noch Bürgerrecht mussten nachgewiesen werden, um ein Gewerbe, also auch eine Bäckerei, zu eröffnen. Die Existenz der Innungen wurde zwar nicht angetastet, aber irgendwie fühlte sich auch keine Behörde mehr für sie zuständig.

Wie schon 1845/49 musste der Staat jedoch feststellen, dass die totale Gewerbefreiheit doch zu einigen Problemen führte und dass die Behörden Ansprechpartner brauchten. So wurde 1881 erneut eine Gewerbeordnung erlassen, die im Bereich Handwerk den Innungen wieder eine größere Bedeutung zuwies. 1897 kam dann die sog. Handwerksordnung, die die Organisationsform des Handwerks mit seinen Institutionen der Selbstverwaltung bis heute prägt. Zu den Neuerungen gehörte die Einrichtung der Handwerkskammern, die nun auch für die Gesellen- und Meisterprüfungen zuständig waren. Wurden die Gesellenprüfungen an die Berliner Innungen delegiert, so war die Meisterprüfung nun Angelegenheit der Handwerkskammer.

Auf Anregung des 1892 gegründeten „Fachvereins von Bäcker-Söhnen zu Berlin" wurden von den beiden damals bestehenden Bäcker-Innungen in Berlin ab 1903 jährlich drei Vorbereitungskurse auf die Meisterprüfung angeboten, in denen die Prüfungswilligen das notwendige theoretische Fachwissen wie Buch- und Rechnungsführung, Kalkulation und Gesetzeskunde lernen konnten. Nicht nur Bäckermeistersöhne, sondern auch „normale" Gesellen durften an diesen Kursen teilnehmen, was z. B. auch Reinhold Grumm 1909 nutzte, um sich auf die Selbständigkeit vorzubereiten.

An den Meistertitel gebunden war die Erlaubnis, Lehrlinge auszubilden, d. h. man durfte auch ohne Meistertitel eine Bäckerei eröffnen. Dies tat Reinhard Grumm und eröffnete seine Bäckerei in der Lehrter Straße 46. Er war nicht der einzige, der seine Karriere als Bäckerei-Inhaber erst einmal ohne Meisterprüfung begann. Auch Gustav Siebert, der seit 1906 seine Bäckerei in dem frisch erbauten Mietshaus in der Schönfließer Straße 12 betrieb, erwarb erst 1910 seinen Meistertitel.

Reinhard und Lina Grumm vor ihrer Bäckerei in der Lehrter Straße 46 in Berlin. (Sammlung Grumm)

Erst im vierten Jahr nach der Eröffnung seiner Bäckerei absolvierte Reinhold Grumm die Meisterprüfung. Vermutlich wollte er, nachdem er im Meisterkurs im Oktober/November 1909 das nötige theoretische Fachwissen erworben hatte, zunächst sehen, ob das mit der Bäckerei so funktionierte, wie er sich das erhofft hatte. Zudem hatte erst einmal die Familie Vorrang, 1912 wurde Sohn Richard geboren. Erst als sich abzeichnete, dass die Bäckerei lebensfähig war, trat er zur Meisterprüfung an. Offensichtlich war jetzt eine Betriebsgröße erreicht worden, durch die an eine Lehrlingsausbildung gedacht werden konnte. Womit er nicht gerechnet hatte: Wenige Monate später brach der Erste Weltkrieg aus und seine Frau musste den Betrieb alleine „meistern".

Johann Mayr hingegen ging es in der anderen Reihenfolge an, erst Meisterprüfung und im selben Jahr übernahm er die Bäckerei in der Ebersstraße 42 in Schöneberg.

Und Josef Laufer? Nach der Gesellenprüfung 1895 zog es ihn, mit einigen Arbeitsstopps auf dem Weg, nach Berlin. Beim ersten Meister blieb er sechs Monate in Waldenburg (heute Wałbrzych in Polen) verweilte er nur drei Tage bei Meister Müller. Drei Wochen später war er ca. zehn Wochen in Genthin, danach ein dreiviertel Jahr in Blankenfelde. Dann war er endlich in Berlin angekommen, wo er eineinhalb Jahre bis 1898 als Bäckergeselle arbeitet, bevor er einer anderen Tätigkeit nachgeht und

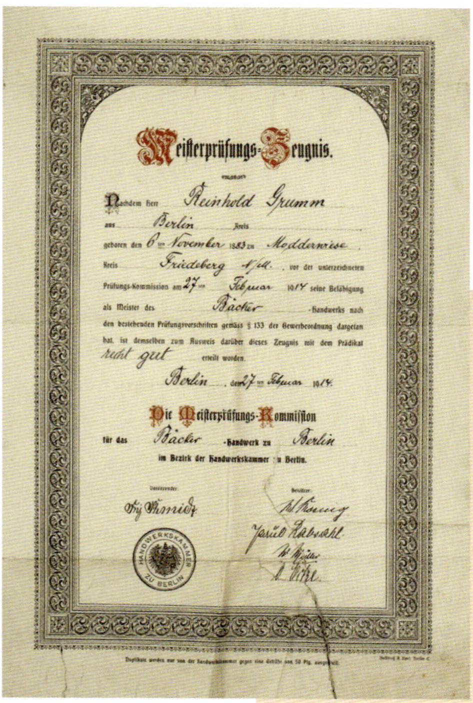

Meisterprüfungs-Zeugnis.

Nachdem Herr Reinhold Grumm
aus Berlin Kreis
geboren den 6ten November 1883 zu Moddernwiese
Kreis Friedeberg N/Mark, vor der unterzeichneten Prüfungs-Kommission am 27ten Februar 1914 seine Befähigung als Meister des Bäcker-Handwerks nach den bestehenden Prüfungsvorschriften gemäss § 133 der Gewerbeordnung dargetan hat, ist demselben zum Ausweis darüber dieses Zeugnis mit dem Prädikat recht gut erteilt worden.

Berlin, den 27ten Februar 1914.

Die Meisterprüfungs-Kommission
für das Bäcker-Handwerk zu Berlin
im Bezirk der Handwerkskammer zu Berlin.

Vorsitzender: Fritz Schmidt
Beisitzer: [illegible]

Handwerkskammer zu Berlin

Duplikate werden nur von der Handwerkskammer gegen eine Gebühr von 50 Pfg. ausgestellt.

links: Meisterprüfungszeugnis für Reinhard Grumm (Sammlung Grumm)

rechts: Fassade von Johann Mayers Bäckerei und Conditorei in der Ebersstraße in Schöneberg. (Sammlung Berning)

erst 1902 noch einmal probiert, wie ihm das Brot als Bäckergeselle schmeckt. Im Mai 1902 enden die Einträge in seinem Germania-Arbeitsbuch, aber zum 1. Oktober 1911, drei Monate nach der Geburt seines ersten Sohnes, eröffnete Laufer eine Bäckerei im Lotosweg in Hermsdorf. Neben dem Ladengeschäft verkaufte Laufer, und später auch sein Sohn Hans, regelmäßig Brot auch außerhalb von Hermsdorf, z. B. in Charlottenburg (siehe Abb.) 1944 war die Bäckerei seit zehn Jahren ins eigene Haus in die Seebadstraße 32 umgezogen. Eigentlich hatte er den Betrieb schon vor sechs Jahren seinem Sohn Hans (1911–2004) übergeben, der 1942 zur Wehrmacht eingezogen worden war. Deshalb musste der Vater wieder ran. Neben Josef steht Enkel Wolfgang (geb. 1940), der keine Bäcker-, sondern eine Konditorlehre absolvierte und die Bäckerei und Konditorei bis 1973 fortführte. Dann übernahm sie Josef Laufers Urenkelin Manuela Seefluth, geb. Laufer.

Josef Laufer mit seinem Brot-Auto im Jahr 1944. (Sammlung Laufer)

Hans Laufer

# 67 DER MEISTERBRIEF – KRÖNENDER ABSCHLUSS DER AUSBILDUNG

Die Meisterprüfung stellte einen wichtigen Abschnitt im Leben eines Bäckers dar und war gleichzeitig auch ein Qualitätsnachweis. Viele Bäckermeister hängten daher voller Stolz ihren Meisterbrief im Laden auf, damit ihn jeder sehen konnte.

Seit 2014 steht übrigens der Meistertitel im deutschen und europäischen Qualifikationsrahmen mit der Stufe 6 auf gleicher Höhe wie ein Bachelor-Abschluss an der Universität.

Trotz der 1934 von den Nationalsozialisten gleichgeschalteten Handwerkskammer und der Berliner Bäcker-Innung, bestand die klassische Handwerksordnung mit Gesellen- und Meisterprüfung weiter. Es blieb dabei, dass die Meisterprüfung von der Handwerkskammer abgenommen wurde. Allerdings wurde das Formular geändert: Hakenkreuz und Reichsadler durften von nun an nicht fehlen. Da das Handwerk von den Nationalsozialisten zumindest verbal sehr geschätzt wurde, hatte es zwar immer noch keinen „Goldenen Boden", aber zumindest war der Meisterbrief mit viel Golddruck ausgestattet.

Nach Gründung der Bundesrepublik Deutschland 1949 wurde deren Handwerksgesetzgebung auch in Westberlin übernommen, obwohl die drei westlichen Sektoren offiziell nicht zur BRD gehören durften. Für die Genehmigung, eine in die Handwerksrolle eingetragene Bäckerei zu betreiben, musste der Inhaber der Bäckerei zwar nicht einen Meistertitel führen, aber es musste ein Bäckermeister angestellt werden.

Da die von der Handwerkskammer Berlin ausgestellten Meisterbriefe recht schmucklos waren, kauften sich manche Bäcker lieber eine Meisterurkunde beim Germania-Zentralverband als Wanddekoration, so auch Oskar Pöhler, der seine Prüfung 1920 bei der Bäcker-Innung Spandau bestanden hatte. (Sammlung Grumm)

Auch die Handwerkskammer Berlin erkannte, dass die von ihr ausgestellten Meisterbriefe nicht sehr beeindruckend aussahen und bot Anfang der 1930er Jahre ein prachtvolleres Formular an. (Sammlung Grumm)

# 8.

# Fachverein und Fachschule

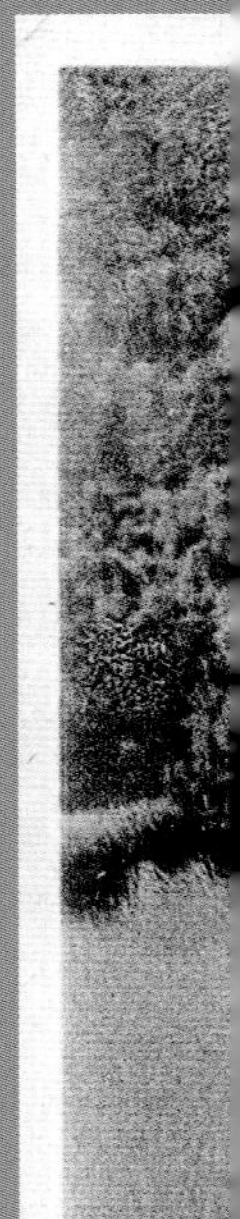

„Bollwerk Berlin“ – ein Präsentationsstand des Fachvereins 1951 (Sammlung Grumm) und Postkarte mit Ansicht der Reichsfachschule Theresienhof, um 1940. (Sammlung Godefroid)

# 68 FORTBILDUNG IST ANGESAGT – BEI DEN BERLINER BÄCKERN SEIT 1884

1884 eröffneten die beiden Berliner Bäcker-Innungen Fortbildungsschulen für die Lehrlinge ihrer Innungsmeister. Dieses Angebot wurde nur von einem Teil der Bäckermeister angenommen. Nicht einmal die Hälfte der Innungsmeister gab ihren Lehrlingen für diesen Schulbesuch einmal in der Woche nachmittags frei. Aufgabe dieser Fortbildungsschule war vor allem, das nachzuholen, was in der Grundschule versäumt worden war, d. h. Schreiben, Lesen und Rechnen, da viele der Lehrlinge, die vom Land kamen, diese Kulturtechniken nicht beherrschten. 1900 verfügte die Gewerbedeputation des Berliner Magistrats den obligatorischen Besuch einer Fortbildungsschule während der Lehrzeit.

Als das kommunale Fortbildungsschulwesen in Berlin in den folgenden Jahren ausgebaut wurde, ließ die Innung „Germania“ ihre Fortbildungsschule ab 1905 auslaufen. Die 1900 eingerichtete Fachschule der Innung bestand zunächst weiter. Auf deren Lehrplan standen Grundlagen der Buchführung und des kaufmännischen Rechnens, ebenso Kenntnisse über Getreidezusammensetzung, Mehlfabrikation, Teigherstellung, Backverfahren und Maschinenkunde. Laut Innungsbeschluss war der Besuch dieser Fachschule in den letzten sechs Monaten der Ausbildung verpflichtend, 1905 wurde diese Verpflichtung sogar auf 12 Monate ausgedehnt.

Aber auch die Behörden öffneten eine Fachschule für Bäckerlehrlinge (in den 1920er Jahren in Berufsschule umbenannt). Als die Bäcker-Innung dort ein Mitbestimmungsrecht bei der Festlegung des Lehrplans und die Zusage einer fachspezifischen Prüfung der dort un-

Heute gibt es in Berlin eine staatliche Berufsschule für Bäckerlehrlinge, die Emil-Fischer-Schule in Wittenau, und zusätzliche Angebote durch die Akademie Deutsches Bäckerhandwerk Berlin-Brandenburg. Dieses Foto entstand während des Akademie-Kurses „Vorbereitung auf die praktische Zwischenprüfung“ am 15. Januar 2024. (Foto © Marian Kalliske)

terrichtenden Lehrer bekam, entschied die Innung aus Kostengründen die eigene Fachschule auslaufen zu lassen und die Bäckerlehrlinge künftig zur kommunalen Bäcker-Fachschule zu schicken. Auch die Konkurrenz-Innung Concordia schloss im selben Jahr ihre Fortbildungs- und Fachschule. Da der Unterricht der beiden Innungen aber in vom Magistrat zur Verfügung gestellten Räumen in der Gipsstraße 23a bzw. in Räumen des Christlichen Vereins Junger Menschen (CVJM) in der Wilhelmstr. 34 ohne Lehrwerkstatt stattfand, ist fraglich, wie viel davon bei den jungen Herren zwischen 14 und 18 Jahren im Gedächtnis blieb.

# 69 DER FACHVEREIN GREIFT EIN!

1917 mitten im Krieg konnte das 25-jährige Jubiläum des Fachvereins nicht gefeiert werden. Die meisten Mitglieder dürften ohnehin an der Front gewesen sein. 1925, als die Inflation überstanden war und sich das Leben wieder zu normalisieren schien, beschloss der Fachverein, die Jubiläumsfeier nachzuholen.

Von 1908 bis 1934 und von 1949 bis 1951 bot nur der 1892 gegründete Fachverein der Bäcker-Meistersöhne Fortbildungskurse an. Dazu zählten Meister-, Garnier-, Redner- und Buchführungskurse. Die praktischen Lehrveranstaltungen fanden häufig in der Backstube eines Bäckermeister-Söhne-Vaters statt. Hinzu kamen auch Fachvorträge wie z. B. „Das Korn, Mehl, Brot und ihre Zersetzung durch pflanzliche Kleinlebewesen“, vorgetragen von Dr. Kühl im Dezember 1924. Verein und Kurse standen aber nicht nur den männlichen Nachkommen von Bäckermeistersöhnen offen, sondern allen Gesellen, die sich weiterbilden wollten.

# 70 ENDE DES FACHVEREINS 1934

Noch 1933 versuchte der Verein, die neuen Machthaber von seiner Nützlichkeit zu überzeugen, vergeblich. Ein Jahr später, 1934 wurde er im Zuge der nationalsozialistischen Gleichschaltung geschlossen bzw. der Deutschen Arbeitsfront (DAF) eingegliedert, was einer Schließung gleichkam.

# 71 DIE REICHSINNUNGSFACHSCHULE DES BÄCKERHANDWERKS IN BAD SAAROW

1936 eröffnete die Deutsche Arbeitsfront eine Bäcker-Fachschule, die bei der Bäcker-Innung und beim Reichsinnungsverband der Bäcker auf wenig Gegenliebe stieß. Sie diente wohl eher der ideologischen als der fachlichen Fortbildung. Im Januar 1939 eröffnete der Reichsinnungsverband eine Fachschule in Theresienhof bei Bad Saarow, in der Meisterkurse und andere Fortbildungen angeboten wurden.

Nach Kriegsende wurde der Theresienhof von der Sowjetischen Militäradministration (SMAD) beschlagnahmt und enteignet. Das Anwesen wurde 1953 bis 1996 vom „Berliner Verlag" als Erholungsheim genutzt. 2008 erfolgte der Abriss des Gebäudes, um Platz für eine Ferienhaussiedlung zu machen.

# 72 WAS LERNTE MAN IN DER BERUFSSCHULE?

Die städtische Berufsschule für Bäckerlehrlinge existierte auch in den Jahren des Nationalsozialismus weiter und vermittelte u. a. Fachrechnen.

Auch Kurt Mayer, Sohn von Bäckermeister Johann Mayer, übte sich während seiner Bäckerlehre im väterlichen Betrieb in der Berufsschule im Januar 1939 im „Proberechnen" – mit befriedigendem Erfolg.

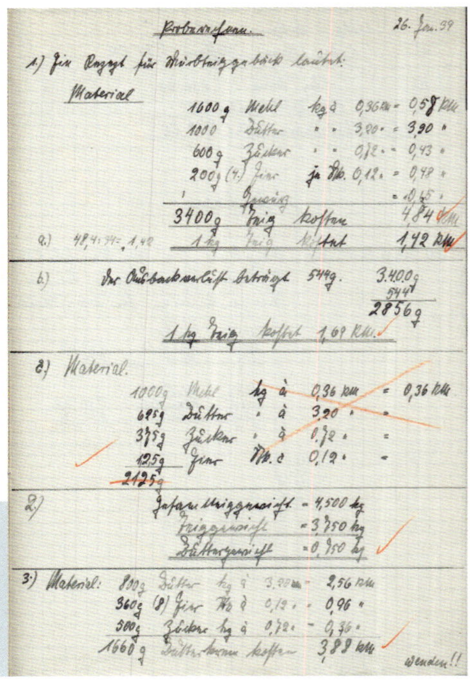

Einblick in ein Übungsheft von Kurt Mayer aus dem Unterricht in der Berufsschule. (Sammlung Berning)

# 73 DER FACHVEREIN WIRD WIEDER AKTIV – AB 1949

Nachdem der Fachverein 1948/49 seine Arbeit wieder aufgenommen hatte, bot er erneut Fortbildungskurse sowie ein umfangreiches Angebot an Fachvorträgen an. Schon in den 1920er Jahren hatte man angefangen, Dias für Lichtbildvorträge herzustellen, von denen ein Teil den Krieg überlebt hatte und nun weiter zu Fortbildungszwecken eingesetzt werden konnte. Hinzu kam das Medium Film. 16mm-Streifen wurden von Mitgliedern des Fachvereins zu den verschiedensten Themen erstellt. Auch für politische Statements wurden die Backkünste der Fachvereinler genutzt. Das „Bollwerk (West-) Berlin" wurde übrigens bis zum Mauerbau 1961 gern von Ostberliner Kollegen besucht und sorgte für einen Zusammenhalt der Bäcker in der geteilten Stadt.

Als die Fachschule im Innungshaus das Kursangebot des Vereins übernahm, setzte dieser sein Bildungsprogramm fort mit Betriebsbesichtigungen bei Zulieferer-Firmen und mit Backvorführungen bei Kollegen in den Betrieben, die dabei Einblicke in die Herstellung ihrer Spezialitäten gewährten. In den 1970er Jahren erlahmte das Interesse der Gesellen am Fachverein. Auch Hans-Joachim Grumm, dessen Vater Richard den Verein 1949 mitbegründete und mehrmals Vorsitzender gewesen war, gelang es in den 20 Jahren von 1987 bis 2007, als er den Vorsitz führte, nicht mehr, die Aufbruchsstimmung und die Wissbegier der 1950er und 1960er Jahre zu regenerieren. Zum einen war einfach die Anzahl der Bäcker stark zurückgegangen, zum anderen nahm generell in Deutschland das Interesse an Vereinen aller Art ab – außer vielleicht im Fußball.

Humor dürfte bei den Fortbildungen und Fachvorträgen nicht zu kurz gekommen sein, wie diese Fotos aus der Diapositiv-Sammlung des Fachvereins zeigen. Als didaktisches Mittel wurde die Gegenüberstellung „So nicht" und „So richtig" genutzt, Fotos 1930er Jahre. (Sammlung Grumm)

# 74 DIE BÄCKEREI-FACHVERKÄUFERIN

Seit 1927 bot der Fachverein auf Initiative des Vereinsmitgliedes Paul Rabsahl jr., Sohn des einstigen Altmeisters der Berliner Bäcker-Innung und Vorsitzender von dessen Zweckverband, auch Fortbildungen für Bäckerei-Verkäuferinnen an. Im Gegensatz zur Bäcker-Ausbildung, deren Inhalte relativ klar definiert waren und zum Abschluss der Lehre geprüft wurden, gab es keine Ausbildungsordnung für Bäckerei-Verkäuferinnen. An Bewerberinnen bei den Bäckereien mangelte es nicht, aber diese Frauen hatten oft wenig Ahnung von dem, was sie verkauften. Sie wussten nicht, wie mit Lebensmitteln umzugehen ist und schon gar nicht, wie man den Verkauf fördern könnte.

Zum einen sollten mit den Kursen die Meisterfrauen, zu deren Aufgaben es auch gehörte, die Verkäuferinnen anzulernen, entlastet werden. Zum anderen sollten die Mädchen und Frauen (Männer stellten sich damals nicht hinter den Verkaufstresen) mitunter auch über das Wissen ihrer Meisterin hinaus qualifiziert werden.

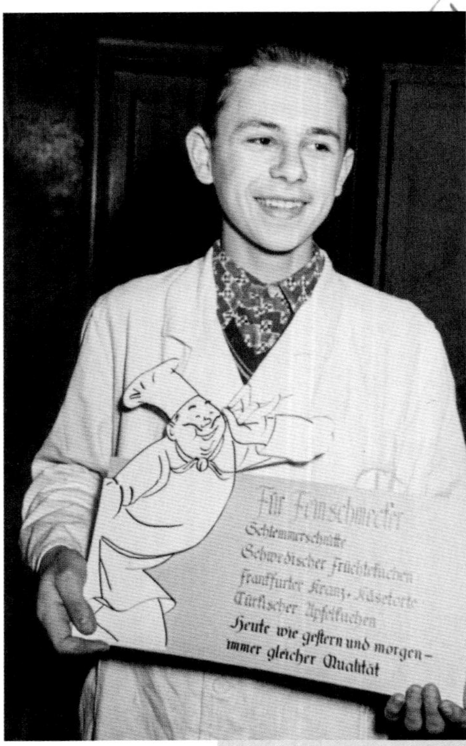

Hans-Joachim Grumm mit einem selbstgezeichneten Werbeaufsteller für die väterliche Bäckerei. Foto um 1955. (Sammlung Grumm)

Auch bei den Verkäuferinnen-Kursen griff der Fachverein auf das Medium Lichtbildvortrag zurück und arbeitete gern mit „So nicht" und „So richtig"-Gegenüberstellungen, Fotos 1930er Jahre. (Sammlung Grumm)

Diese Initiative wurde schnell von anderen Fachvereinen aufgenommen, die ebenfalls Kurse für die Bäckerei-Fachverkäuferinnen einführten.

Schaufenstergestaltung spielte lange Zeit eine große Rolle in den Bäckereien, schließlich diente sie als Eye-Catcher, sollte auf das Geschäft aufmerksam machen und den Appetit zum Kaufen anregen, egal ob in Ost- oder Westberlin.

Zum Kursangebot gehörte die Gestaltung von Werbeplakaten in Läden und Schaufenstern, damals selbstverständlich alles handgemalt. Heute (2022) bietet die Akademie des Bäckerhandwerks in Olpe wieder Seminare zum „Handlettering" an, weil nach all den computergefertigten oftmals beliebig wirkenden Werbemitteln Handschrift wieder ein Hingucker sein kann.

Zwar gingen schon in den 1920er Jahren die Lehrmädchen, die in einer Bäckerei Verkäuferin lernten, zur Berufsschule, aber eine spezifische Ausbildung für Fachverkäufer im Lebensmittelhandwerk gab es noch nicht. Erst nach dem Zweiten Weltkrieg machten sich die Handwerkskammern sowohl in der BRD als auch in der DDR Gedanken darüber, was eine Bäckereiverkäuferin eigentlich können müsste und erarbeiteten entsprechende Prüfungs- und Ausbildungsordnungen. 1951, als die Fachschule der Innung eingeweiht wurde, wurden extra zwei Verkaufsräume für die Schulung der Bäckerei-Verkäuferinnen eingerichtet, noch nicht zu Ausbildungs-, sondern zu Weiterbildungszwecken.

1930 erschien von Arthur Frank, Fritz Heinzelmann und Paul Rabsahl die 94 Seiten starke „Neuzeitliche Verkaufspraxis in Bäckereien und Konditoren". 1934 folgte, von Rabsahl allein verfasst, „Der Ratgeber für den Verkauf in Bäckereien". Das waren die ersten Fachbücher zu diesem Thema.

Mittlerweile hat sich die Ausbildung zum Bäckerei-Fachverkäufer, heute „Fachverkäufer im Lebensmittelhandwerk mit dem Schwerpunkt Bäckerei" genannt, fest etabliert. Die Ausbildungsordnung wird hin und wieder überarbeitet, letztmalig 1985 und 2006. Zuständig für die Ausbildung ist die Handwerkskammer und nicht die Industrie- und Handelskammer wie bei dem Ausbildungsberuf Verkäufer.

In der dreijährigen Ausbildung geht es keineswegs nur darum, die Brötchen in die Tüte zu packen und die Preise korrekt in die Kasse einzutippen, das kann auch eine Hilfskraft in der „Auf-Bäckerei". Es geht um viel Wissen und Können im Hintergrund, was der Kunde selten bemerkt, es sei denn, er fragt gezielt nach.

In der Prüfung wird einiges verlangt: dass der Prüfling das Dekorieren und verkaufsfördernde Präsentieren von Backwaren beherrscht und ein hierauf bezogenes Werbemittel erstellt. Er muss auch zeigen, dass er ein themenbezogenes Beratungs- und Verkaufsgespräch führen kann, in dem er den Kunden über die Zusammensetzung der Backware, über Allergene und Zusatzstoffe informieren und ihm ggf. auch Alternativen anbieten kann. Ebenso muss er nachweisen, dass er versteht, ein Büfett unter Verwendung von Backwaren und Snacks herzustellen.

Hinzu kommen profunde Kenntnisse der für Bäckereien geltenden Hygiene-Bestimmungen, die Bedienung und Reinigung der im Laden genutzten Maschinen, z. B. des Kaffeeautomaten und anderer Bistro-Geräte, die korrekte Lagerung der Lebensmittel etc. Es handelt sich also um eine recht vielseitige Ausbildung. Nicht nur die Bäckereien schätzen diese ausgebildeten Fachverkäufer, sondern auch der Lebensmittel-Einzelhandel, der sie gern ihrer umfangreichen Ausbildung wegen einstellt.

# 75 DIE ERÖFFNUNG DER INNUNGS-EIGENEN FACHSCHULE – 1951

Am 1. Oktober 1951 eröffnete die Berliner Bäcker-Innung in ihrem neuen Innungshaus in der Maxstraße 8 (heute Kärntener Str.) voller Stolz eine Fachschule. „Unsere neue Fachschule der Innung hat es sich zur Aufgabe gesetzt, den Berufsnachwuchs zusätzlich weiterzubilden und ihm das praktische und geistige Rüstzeug zum selbständigen Meistertum zu geben, das eine Fülle von Einzelwissen und Können erfordert.[...] In räumlicher Hinsicht verfügt die Fachschule z. Z. über zwei sehr große Back- und Konditorstuben mit zwei modernen Backöfen und allen erforderlichen sonstigen Einrichtungen, ein Laboratorium, einen Verkaufsladen zu Schulungszwecken sowie zwei Unterrichtssäle."

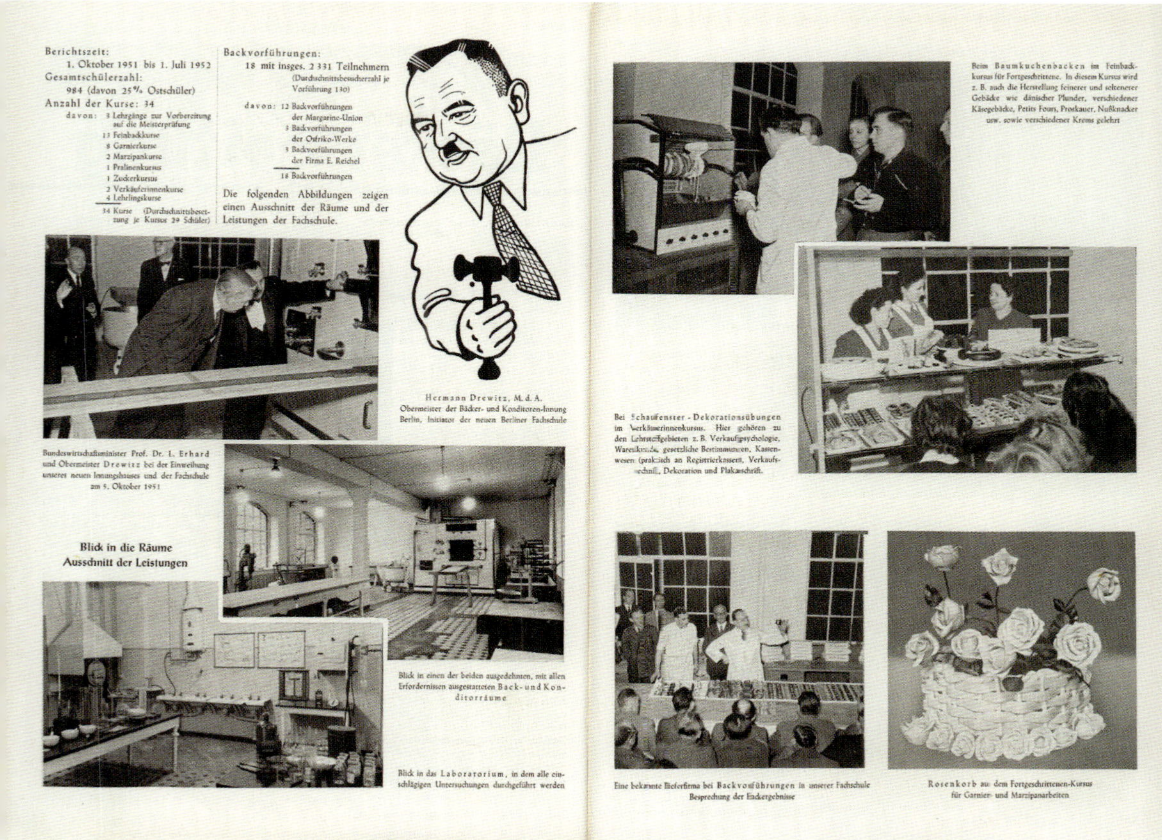

Berichtszeit:
1. Oktober 1951 bis 1. Juli 1952
Gesamtschülerzahl:
984 (davon 25 % Ostschüler)
Anzahl der Kurse: 34
davon: 3 Lehrgänge zur Vorbereitung auf die Meisterprüfung
13 Feinbackkurse
8 Garnierkurse
2 Marzipankurse
1 Pralinenkursus
1 Zuckerkursus
2 Verkäuferinnenkurse
4 Lehrlingskurse
34 Kurse (Durchschnittsbesetzung je Kursus 29 Schüler)

Backvorführungen:
18 mit insges. 2 331 Teilnehmern (Durchschnittsbesucherzahl je Vorführung 130)
davon: 12 Backvorführungen der Margarine-Union
3 Backvorführungen der Ostriko-Werke
3 Backvorführungen der Firma E. Reichel
18 Backvorführungen

Die folgenden Abbildungen zeigen einen Ausschnitt der Räume und der Leistungen der Fachschule.

Bundeswirtschaftsminister Prof. Dr. L. Erhard und Obermeister Drewitz bei der Einweihung unseres neuen Innungshauses und der Fachschule am 5. Oktober 1951

Hermann Drewitz, M. d. A.
Obermeister der Bäcker- und Konditoren-Innung Berlin, Initiator der neuen Berliner Fachschule

Blick in die Räume
Ausschnitt der Leistungen

Blick in einen der beiden ausgedehnten, mit allen Erfordernissen ausgestatteten Back- und Konditorräume

Blick in das Laboratorium, in dem alle einschlägigen Untersuchungen durchgeführt werden

Beim Baumkuchenbacken im Feinbackkursus für Fortgeschrittene. In diesem Kursus wird z. B. auch die Herstellung feinerer und seltenerer Gebäcke wie dänischer Plunder, verschiedener Käsegebäcke, Petits Fours, Proskauer, Nußknacker usw. sowie verschiedener Krems gelehrt

Bei Schaufenster-Dekorationsübungen im Verkäuferinnenkursus. Hier gehören zu den Lehrstoffgebieten z. B. Verkaufspsychologie, Warenkunde, gesetzliche Bestimmungen, Kassenwesen (praktisch an Registrierkassen), Verkaufstechnik, Dekoration und Plakatschrift.

Eine bekannte Lieferfirma bei Backvorführungen in unserer Fachschule
Besprechung der Backergebnisse

Rosenkorb aus dem Fortgeschrittenen-Kursus für Garnier- und Marzipanarbeiten

Die „Neue Bäcker-Zeitung" berichtete in ihrer Ausgabe vom 20. Juli 1952 auf vier Seiten über die Erfolge der acht Monate zuvor eröffneten Fachschule. (Zentral- und Landesbibliothek Berlin)

# 76 DIE FACHSCHULE BIS IN DIE 1980ER JAHRE

Die Fachschule übernahm ab 1951 das Fortbildungsprogramm des Fachvereins und erweiterte es. Dazu gehörten auch wieder Verkäuferinnen-Kurse. Bis Anfang der 1970er Jahre richtete sich das Angebot vorwiegend an Gesellen, Fachverkäuferinnen und Meister. Für Lehrlinge gab es nur eine Art Nachhilfeunterricht für die, die mit dem Rechnen auf Kriegsfuß standen.

In den 1970er Jahren wurde für die Auszubildenden im 2. und 3. Lehrjahr die „Überbetriebliche Lehrlings-Unterweisung" (ÜLU) eingeführt, die für alle Azubis, egal ob im Innungsbetrieb oder nicht, verbindlich ist und zweimal pro Jahr jeweils eine Woche lang stattfindet. Die „ÜLU" sollte sicherstellen, dass die Lehrlinge auch prüfungsrelevante Backtechniken, -technologien und -methoden kennenlernen, die in ihrem Lehrbetrieb vielleicht nicht angewendet werden. Auch für die Fachverkäuferinnen werden verbindlich „ÜLUs" eingeführt. 1991 beschloss die Innungsversammlung, die „ÜLUs" auf das 1. Lehrjahr auszudehnen.

Bis Ende der 1980er Jahre musste zwar hin und wieder das eine oder andere Gerät ersetzt oder modernisiert werden, aber die Fachschule blieb in den Räumen, die 1951 für sie eingerichtet worden waren.

Teilnehmer eines Backkurses in den Räumen der Fachschule 1988. (Sammlung Grumm)

# 77 UMBAU UND MODERNISIERUNG DER FACHSCHULE 1993/94 IN DER KÄRNTENER STRASSE

1990 beschloss die Innung, aufgrund der zu erwartenden höheren Lehrlingszahl durch die Wiedervereinigung, die Fachschule umzubauen und zu erweitern und stellte dafür Förderanträge beim Bundesinstitut für Berufsbildung und beim Land Berlin, die für 1993 und 1994 bewilligt wurden. Im April 1993 wurde mit dem Umbau „am offenen Herzen" begonnen, während der Fachschulbetrieb weiterlief, eine Herausforderung für Schüler und Lehrer, denn die Beeinträchtigungen durch den Baubetrieb waren erheblich. In der Fachschule wurde erstmalig ein EDV-Raum eingerichtet, nachdem 1990 eine Computeranlage für Bürodamen und Geschäftsführer installiert worden war.

Außerdem verbesserten Duschräume und ein Aufenthaltsraum mit kleiner Küche den Komfort der Schüler. Mit einem Hoffest wurde die Einweihung Anfang September 1994 gefeiert.

Blick in den neu eingerichteten EDV-Raum

# 78 DIE NEUE FACHSCHULE IN DER SEYDLITZSTASSE

2006 schlossen sich mehrere Bäcker-Fachschulen in Deutschland zum Verbund „Akademie Deutsches Bäckerhandwerk" zusammen. Im folgenden Jahr beschloss die Berliner Innung die Umbenennung ihrer Karl-Grüßer-Fachschule in „Akademie Deutsches Bäckerhandwerk Berlin-Brandenburg". Innerhalb des Verbundes wurden die Rahmenpläne harmonisiert.

Die Akademie wählte bewusst als Namenszusatz Berlin-Brandenburg. Damals hoffte man noch, dass nicht nur die Geschäftsstelle des Landesverbandes der Bäcker und Konditoren-Innungen Berlin-Brandenburg in Berlin sein würde, sondern die Akademie sich auch zu einem zentralen Ausbildungszentrum für beide Bundesländer entwickeln würde. Allerdings gab es schon seit 1991 das von Land Brandenburg geförderte „Bildungszentrum für Bäcker und Konditoren", das vom ehem. Institut für Getreideverarbeitung der DDR, nach der Wende umgewandelt in eine GmbH, betrieben wird. Zudem achteten die brandenburgischen Handwerkskammern auch sehr darauf, dass die „ÜLUs" der brandenburgischen Auszubildenden im eigenen Land stattfinden und nicht in Berlin. Insofern ist die Akademie weiterhin hauptsächlich für die Berliner da. Doch 2009/10 machte sich die Berliner Akademie sehr wohl noch Hoffnungen auf einen größeren Nutzerkreis.

Doch diverse bauliche Auflagen für den Weiterbetrieb der Akademie in der Kärntener Straße, z. B. der Einbau einer weiteren Treppe in die oberen Etagen, in denen die Akademie lag, sowie die neuen Rahmenpläne veranlassten die Bäcker-Innung, sich nach einem neuen

Haus umzusehen, das reichlich Platz für die Akademie unter Berücksichtigung aller Bau-, Hygiene- und Ausbildungsvorschriften bietet. 2011 erfolgte der Umzug der Akademie in die Seydlitzstraße.

2011 gab es noch 155 Ausbildungsbetriebe in Berlin, aber nur ein Teil davon bildete Bäcker aus, die meisten hatten Fachverkäufer-Azubis. Neun (17 Prozent) der 53 Bäckerlehrlinge waren Frauen. Bei denen, die eine Fachverkäufer-Ausbildung starteten, waren hingegen die Männer mit rund 15 Prozent (22 von 144) eindeutig in der Minderheit. Die Mehrheit der Azubis hatte damals einen Hauptschulabschluss.

Zehn Jahre später, im September 2021, gab es nur noch 79 Ausbildungsbetriebe, doch die Anzahl derer, die eine Bäckerlehre absolvieren wollten, war wieder gestiegen. 13 der 75 Lehranfänger hatten als Schulabschluss das Abitur, die anderen vorwiegend den Mittleren Schulabschluss (MSA). Der Frauenanteil war leicht erhöht und lag nun bei rund 25 Prozent (19 von 75).

Zurückgegangen ist das Interesse an einer Fachverkäuferausbildung, nur noch 64 wählten sie. Dafür stieg die Männerquote auf 37,5 Prozent (24 von 64).

Am 23. Juni 2011 wurde die neue Akademie in der Seydlitzstraße eingeweiht. Das Fest stand unter dem Motto „125 Jahre Berliner Bäckerfachschule". Historisch ist das zwar nicht ganz korrekt, aber es klang gut. In der zur Feier herausgegebenen Broschüre wird auch nur über die Entwicklung seit der Eröffnung der Karl-Grüßer-Fachschule 1951 ausführlich berichtet.

In der neuen, 2011 eröffneten Lehrbackstube stehen zwei große Backstuben mit Elektrobackofen, Gärunterbrecher und Eismaschine mit 16 Arbeitsplätzen. 2011 war die Akademie Deutsches Handwerk Berlin-Brandenburg die modernste Bäckerakademie in der Bundesrepublik. Für den theoretischen Unterricht gibt es Klassenräume und einen EDV-Raum.

# 79 DIE FREISPRECHUNG WIRD GEFEIERT!

Krönender Abschluss der Ausbildung ist die „Freisprechung" der Bäcker-Gesellen/Gesellinnen und der Fachverkäufer/Fachverkäuferinnen nach bestandener Prüfung durch die Handwerkskammer. Sofern Pandemie-Maßnahmen in den letzten Jahren es nicht gerade unmöglich machten, wird die „Freisprechung" im großen Rahmen von der Innung organisiert und gestaltet. Gleichzeitig feiert man auch den Abschluss der Fachverkäuferinnen. Sowohl bei den Bäcker- als auch bei Fachverkäufer-Azubis werden die Besten prämiert. In den Jahren vor 2020 feierte die Bäcker-Innung zusammen mit der Konditoren-Innung die Prüflinge der beiden Einrichtungen im Hotel „Estrel".

Blick in den Festsaal im „Estrel" bei der „Freisprechung" 2019. (BIB)

# 80 LEHRE IN DER DDR

1978 verkündete die Handwerkskammer Berlin (Ost) stolz, dass 1979 in ganz Ostberlin Lehrstellen für 60 Auszubildende zum Bäcker und 36 zum Bäckerei-Fachverkäufer vorgesehen seien. Das war offensichtlich eine zahlenmäßige Steigerung im Vergleich zu den Vorjahren.

Die Lehrlinge und Bäckerei-Fachverkäufer mussten – genau wie in Westberlin – zur Berufsschule, aber eine Fachschule gab es nicht.

Für die Zwischen- und Gesellenprüfungen bzw. die Abschlussprüfungen zu „Facharbeiter Bäcker oder Bäckerfachverkäuferin", wie es amtlich im DDR-Deutsch hieß, gab es eine von der Handwerkskammer auf Vorschlag der ELG bestellte Prüfungskommission. Deren sechs Mitglieder arbeiteten ehrenamtlich und waren für die Stadtbezirke zuständig, in denen sie selbst ihren Betrieb hatten. Sie prüften nur die Lehrlinge aus dem privaten Handwerk und den PGHs, für das Backwarenkombinat gab es eine eigene Prüfungskommission.

Zur Abnahme der Prüfung gehörten die Ausgabe der vom Prüfungsvorsitzenden formulierten Prüfungsaufgaben sowie die Verteilung der Azubis zur Prüfung und Zwischenprüfung auf die anderen Kollegen. Es war auch die Aufgabe der Kommission, die Berichtshefte zu kontrollieren und die schriftlichen Abschlusshausarbeiten zu benoten. Nach erfolgter Prüfung musste der Prüfungsvorsitzende die Ergebnisse – auch die in der Berufsschule – zusammentragen, die vorgedruckten Zeugnisse und Facharbeiterurkunden ausfüllen, unterschreiben, mit einem Stempel versehen und die Unterlagen und Zeugnisse der Abt. Bildung des jeweiligen Stadtbezirks, in dem der Betrieb des Prüfungskommission-Vorsitzenden ansässig war, vorlegen. Dort wurde alles noch einmal kontrolliert, nochmals unterschrieben und wieder gestempelt – erst dann konnte dem Lehrling der Facharbeiterbrief überreicht werden. Seit 1981 war Hans-Joachim Blauert Vorsitzender der Prüfungskommission. Seine Bäckerei war in Alt-Hohenschönhausen ansässig. Bis 1985 war also die Abt. Bildung von Weißensee für die Prüfungen der Ostberliner Bäckergesellen zuständig, danach die des neu gegründeten Bezirks Hohenschönhausen.

Von der ELG/Prüfungskommission wurden anlässlich der Überreichung der Facharbeiterbriefe Feiern organisiert wie zu den Freisprechungsfeiern in der Westberliner Bäcker-Innung. Eine ÜLU gab es in Ostberlin offiziell nicht. Der Lehrling lernte das, was sein Meister ihm beibringen wollte und konnte. Fiel auf, dass Lehrlinge einer Bäckerei mehrere Male überdurchschnittlich schlechte Prüfungsergebnisse erzielten, sorgten Prüfungsmeister und Bezirksobermeister dafür, dass der Bezirksstadtrat dieser Bäckerei keine Lehrlinge mehr zuteilte.

Lehrlinge in der Bäckerei Feddrich in Weißensee in den 1960er Jahren. (Sammlung Blauert)

# 81 „FACHSCHUL-UNTERRICHT IN DER AG"

1985 gründete Hans-Joachim Blauert in seiner Eigenschaft als „Vorsitzender der Facharbeiter Prüfungskommission für die Bäcker und Bäckerfachverkäuferin" mit Unterstützung des ELG-Vorsitzenden Hartmut Spaethe die Bäcker-AG (Arbeitsgemeinschaft). Diese AG war vergleichbar mit der ÜLU an der Fachschule der Westberliner Bäcker-Innung. Ab dem zweitem Lehrjahr wurden gute Lehrlinge alle 14 Tage nachmittags in den Betrieben der Kollegen der Prüfungskommission geschult. Die Kosten für Material oder Helfer wurden von den Prüfbetrieben selbst getragen. Die Fachkommission hatte einen guten Überblick über das Leistungspotential der Lehrlinge, da sie die Zwischenprüfung abnahm. Nicht alle Ostberliner Bäcker-Kollegen waren davon begeistert, ihre Lehrlinge dorthin schicken zu müssen, konnten sich aber den Argumenten von Prüfungskommission und ELG-Vorstand über die Notwendigkeit dieser Kurse nicht verschließen. Argumentativ geholfen haben dürfte auch die Tatsache, dass Blauert seit 1980 Mitglied des Berufsausbildungs-Ausschusses der Handwerkskammer war.

Bei der Meisterprüfung gab es für den praktischen Teil eine Prüfungskommission bestehend aus zwei Bäckern, zwei Konditoren und dem Vorsitzenden der ELG. Auch hier wurden die praktischen Übungen von der Prüfungskommission organisiert, und Spaethe als Vorsitzender der ELG tat sein Möglichstes, edle Rohstoffe zu organisieren, damit die Meisterkandidaten vor der Prüfung die Gelegenheit hatten, damit zu arbeiten. Als Westberliner Vorstandsmitglieder 1989 zu einer Ausstellung der Schaustücke der 22 Jungmeister nach Ostberlin fuhren, waren sie sehr beeindruckt von dem fachlichen Können dieser jungen Meister.

links: Die Ergebnisse dieses Trainings in der „AG Bäcker" konnten sich sehen lassen. (Sammlung Blauert)

rechts: Meisterprüfungskandidaten und ihre Kreationen bei der Meisterprüfung in Ostberlin 1988. (Sammlung Spaethe)

# 9.

# Frauenpower in Berliner Bäckereien

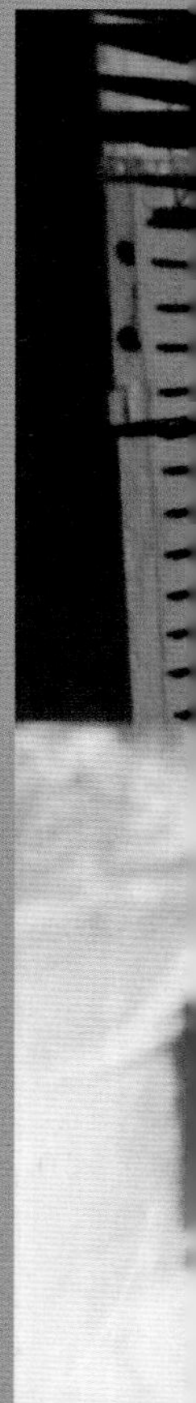

Nicht nur im Laden und mit den Kunden waren viele Meisterfrauen aktiv, sie entlasteten häufig ihre Männer auch bei der Büroarbeit, z. B. bei der Buchführung. Wenn Not am „Mann“ war, verstanden viele Bäckersfrauen so viel vom Backhandwerk, dass sie auch mal in der Backstube einspringen konnten.

Brigitte Siebert (geb. 1937), Ehefrau von Bodo Siebert, beim Brötchenformen in der Backstube. Sohn Lars (geb. 1958), der 1990 die Bäckerei übernehmen wird, schaut interessiert zu, wie Mama arbeitet, Ulf findet den Fotografen spannender. (Sammlung Siebert)

# 82 FRAUEN IN DER PRODUKTION

Bäckerinnen mit Gesellenprüfung oder gar einem Meistertitel waren bis in die 1980er Jahre kaum zu finden – weder in Berlin noch im restlichen Deutschland. Viele Frauen hatten während des Ersten Weltkriegs, in dem das Nachtbackverbot ausgesetzt worden war, gezeigt, dass sie in klassischen Männerberufen ihren „Mann" stehen konnten. Die Anzahl der berufstätigen Frauen im unteren Mittelstand hatte ab den 1920er Jahren zugenommen. Aber der Bäckerberuf stand nicht auf der Liste der Berufe, die Frauen nun wählten. Selbst wenn sie aus Bäckerfamilien stammten, war klar, dass sie nicht in der Backstube, sondern im Verkauf arbeiten würden.

Typisch für diese Einstellung, dass Töchter in den Laden gehörten, war zum Beispiel die Bäckerei Johann Mayer. Von den zwei Kindern, Kurt und Lieselotte, lernte Kurt das Bäckerhandwerk in der väterlichen Bäckerei und es war klar, dass er die Bäckerei einst übernehmen würde. Nicht eingeplant war der Zweite Weltkrieg und Kurts Tod an der Front. Aber dann machte nicht Lieselotte eine Bäckerlehre, um das Familienunternehmen fortzuführen. Es war Liselottes Mann, ein gelernter Eisenwarenhändler, der nach dem Krieg (und der Flucht aus Königsberg) bei seinem Schwiegervater in die Lehre ging, den Meistertitel erwarb und die Bäckerei übernahm.

Die Vorstellung einer Backstube nur mit Bäckerinnen, das taugte in den 1920er Jahren nur als Scherzpostkarte. (Sammlung Lutum, Sammlung Berning)

# 83 WARUM GAB ES KEINE BÄCKER-GESELLINNEN IN DER BACKSTUBE?

Ein wesentlicher Grund, warum es früher keine Bäcker-Gesellinnen gab, dürfte gewesen sein, dass es körperliche Kraft brauchte, um die Mehlsäcke durch die Backstube zu tragen. Zumindest wird dies noch als Hauptgrund von älteren Bäckermeistern genannt, die in den 1950er/1960er Jahren ihre Bäckerlehre absolviert hatten. In Ostberlin hatten Frauen deshalb keine Chance, eine Bäckerlehrstelle zu finden, weil die Bäckerei-Inhaber keine weiblichen Bäckerlehrlinge nahmen. Auch in Westberlin war es bis in die 1990er Jahre nicht viel anders. In Westdeutschland war da der eine oder andere Bäckermeister seit den 1960er Jahren, als es mit dem Lehrlingsmangel losging, etwas fortschrittlicher und bildete auch Mädchen aus, aber es blieb bis ins 21. Jahrhundert hinein eher die Ausnahme.

Heute haben fast alle größeren Berliner Bäckereien Mehlsilos, aus denen automatisch die für die jeweilige Teigherstellung benötigte Mehlmenge abgefüllt werden kann, sodass fehlende „Muckis" kein Hindernis mehr für die Beschäftigung einer Gesellin sind.

Trichter einer Mehlsiloanlage in der Bio-Bäckerei Beumer & Lutum, 2020er Jahre. (Foto Beumer & Lutum)

# 84 STÖRTEN FRAUEN IN DER MÄNNERGESELLSCHAFT?

Allgemein waren die Backstuben sehr klein und in ihrer Erbauungszeit für ein bis zwei Bäcker, keinesfalls für den Aufenthalt einer Frau, gedacht. Ein weiterer Grund, warum es kaum gelernte Bäckerinnen gab, mag gewesen sein, dass sich die Herren Gesellen gestört haben könnten durch die Anwesenheit einer Gesellin, die auch die ganze Zeit in der Backstube herumläuft. Zwar kam hin und wieder eine Verkäuferin in die Backstube, um Nachschub für den Laden zu holen, die meiste Zeit aber war man unter sich. Und in den engen Backstuben war es vor allem im Sommer oft sehr heiß. Klimaanlagen und/oder Luftabzüge waren in den meisten Berliner Bäckereien, egal ob in West-

oder Ostberlin, bis in die 1980er Jahre hinein ein unbekannter Luxus.

Umgekehrt war es auch für die wenigen Gesellinnen, die es im 20. Jahrhundert in Berlin gab, sicher nicht immer angenehm, unter solchen Bedingungen zu arbeiten. So berichtete Christa Lutum, seit 2017 Obermeisterin der Bäcker-Innung, von unhaltbaren Erfahrungen, als sie Anfang der 1980er Jahre in einer Berliner Bäckerei arbeitete. Der dort als Urlaubsvertretung arbeitende Bäckermeister gab nicht nur sexistische Sprüche von sich, sondern begrapschte sie auch. Als sie sich beim Geschäftsinhaber darüber beschwerte, wurde nicht etwa die Urlaubsvertretung entlassen, sondern sie selbst.

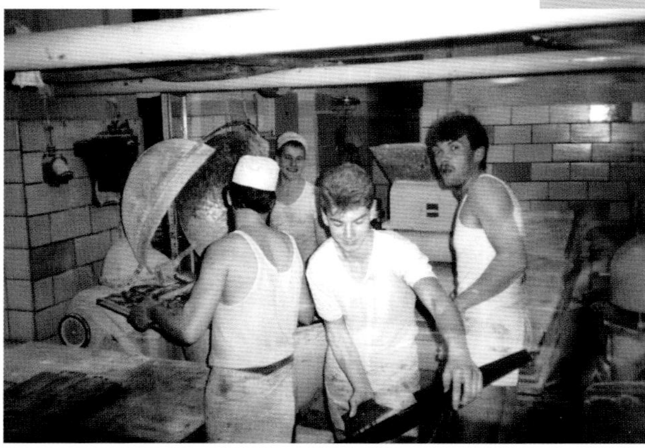

Nicht nur in der Backstube der Bäckerei Buhrmeister dürfte es so im Sommer zugegangen sein. (Sammlung Buhrmeister)

# 85 NUR BEGRENZT EINSETZBAR – FRAUENSCHUTZ ALS HEMMNIS

Ein weiterer Grund war das Nachtarbeitsverbot für Frauen, das 1892 gesetzlich eingeführt erst 1992 aufgehoben wurde. Interessant an diesem Gesetz ist auch, dass die Nacht für Frauen für den Gesetzgeber in der BRD und Westberlin bis 6.00 Uhr morgens dauerte, während sie für Bäcker über 18 Jahre schon um 4.00 Uhr (bis 1996) endete. Selbst ab den 1960er Jahren mit deutlich bemerkbarem Gesellenmangel war es für Bäckermeister nur begrenzt attraktiv, eine Frau als Bäcker auszubilden oder eine Gesellin einzustellen. Es bedeutete bürokratischen Aufwand, eine Ausnahmegenehmigung zu beantragen. Kein Wunder, dass die Anzahl der Bewerberinnen weiterhin sehr gering blieb. Eine Frau, die das Bäckerhandwerk erlernte, das waren seit dem Zweiten Weltkrieg immer nur Einzelbeispiele.

# 86 KOLLEKTIVE – OFFEN UND ATTRAKTIV FÜR BÄCKER-GESELLINNEN

Die Frauenquote unter den Berliner Bäckern, die in den 1970er Jahren noch bei null Prozent lag, stieg in den 1980er Jahren geringfügig an, als sich die ersten Bio-Bäckereien in Berlin etablierten. Das lag an den „Jungen Wilden", die Ende der 1970er/Anfang der 1980er Jahre in Berlin mehrere Vollkorn-Bäckereien eröffneten. Sie hatten kein Problem damit, auch Bäckerinnen in ihre Kollektive aufzunehmen. Keine von ihnen hatte ihre Ausbildung in Berlin absolviert, sie waren wegen der alternativen Szene in diese Stadt gekommen. Das Nachtarbeitsverbot für Frauen war hier kein Problem, da man keine Brötchen buk und meistens nicht vor 10.00 Uhr den Laden öffnete.

Für diese Entwicklungslinie steht Bäckermeisterin Anette Sipp. Sie war 1983 nach Berlin gekommen und ist seit 1984 im Kollektiv der Bäckerei Brotgarten tätig. Für diesen Betrieb machte sie 1987 die Meisterprüfung. Allerdings nicht in Berlin, sondern in Hannover, weil dort Ganztagskurse angeboten wurden. Unter den 40 Teilnehmern ihres Meisterkurses gab es zwei (5 Prozent) Frauen.

Bäckermeisterin Anette Sipp vor dem Backofen in der Vollkornbäckerei „Brotgarten", 1980er Jahre. (Sammlung Sipp)

# 87 FRAUEN AUF DEM VORMARSCH – AUCH BEI DEN LANDESSIEGERN

Seit den 1980er Jahren wurde das Konditorhandwerk von den Frauen als Berufsmöglichkeit entdeckt, zunächst vor allem von Bäckermeister-Töchtern, später auch von Frauen aus Nicht-Bäcker-Familien. Mittlerweile ist es ein Frauenberuf geworden. 2022 absolvierter 16 Konditorinnen und nur zwei Konditoren die Meisterprüfung bei der Berliner Handwerkskammer.

Ab den 2000er Jahren steigt die Zahl der weiblichen Auszubildenden auch im Berliner Bäckerhandwerk allmählich an. Im September 2021 waren ein Viertel der 75 Auszubildenden, die ihre Lehre bei einer Berliner Bäckerei begannen, Frauen. Zwei Jahre zuvor waren es nur neun von 53 Lehrlingen. Auch bei den Meisterprüfungen steigt der Frauenanteil. 2020 vermeldete die Handwerkskammer sechs Meisterprüfungen für Bäcker, darunter befand sich eine Frau. 2022 bestanden sieben Männer und zwei Frauen die Meisterprüfung und 2023 acht Gesellen und sechs Gesellinnen.

Und nach 745 Jahren wählte die Berliner Bäcker-Innung 2017 erstmals eine Frau zur Obermeisterin, die Bäckermeisterin Christa Lutum.

Sechs Siegerinnen und ein Sieger im Landeswettbewerb 2019 in der „Akademie Deutsches Backhandwerk" in der Seydlitzstraße. Im Hintergrund Prüfungsmeister Harald Prohassek und am Rand der Gruppe rechts Obermeisterin Christa Lutum. (BiB)

# 88 FRAUENPOWER – IM RESTLICHEN BÄCKERHAUSHALT

Die Domäne der Frauen in der Bäckerei war der Verkaufsraum. Gab es in der Backstube kaum weibliche Mitarbeiter, sah es im Verkauf genau umgekehrt aus, hier waren Männer hinter dem Verkaufstresen eine Rarität.

Bei den kleineren Bäckereien war es oft die Ehefrau allein, die im Laden bediente. Dabei kümmerte sie sich außerdem um Haushalt und Kinder, und wenn es Gesellen und Lehrlinge gab, kochte sie auch für diese das Essen mit. Ermöglicht wurde das, weil in fast allen Berliner Bäckereien dem Verkaufsraum und der Backstube eine kleine Wohnung angeschlossen war, sodass die Bäckersfrau nur in den Laden musste, wenn ein Kunde kam.

Wurde die Bäckerei größer, stellte man zwar Verkäuferinnen ein, aber die Verkaufsleitung lag weiterhin in der Hand der Meisterfrauen – neben Haushalt und Betreuung der Kinder. Auch war es ihre Aufgabe, für einen guten Kontakt zu den Kunden zu sorgen.

Ladenausstattung und Registrierkassen änderten sich in den Jahrzehnten, aber es blieb dabei: Fast immer verkauften Frauen die Backwaren. Das ändert sich nur langsam.

oben: Verkäuferinnen in der Bäckerei Johann Mayer zusammen mit der Seniorchefin Selma Mayer, 1950er Jahre. (Sammlung Berning)

unten: Maria Rösler (1897–1996), die Ehefrau von Paul Rösler, in der Bäckerei in der Wattstraße 10, 1950er Jahre. (Sammlung Rösler)

# 39 NICHT NUR DER VERKAUF WAR OFT FRAUENSACHE

Nicht nur im Laden und mit den Kunden waren viele Meisterfrauen aktiv, sie entlasteten häufig ihre Männer auch bei der Büroarbeit, z. B. bei der Buchführung. Und wenn Not am „Mann" war, verstanden viele Bäckersfrauen so viel vom Backhandwerk, dass sie auch mal in der Backstube einspringen konnten, auch wenn sie vielleicht schwere Mehlsäcke nicht durch die Gegend wuchten konnten. Ob Frau Siebert (siehe Foto S. 123) wirklich immer ohne Arbeitskittel in der Backstube im dunklen Rock arbeitete, sei dahingestellt, aber Brötchen abteilen und formen konnte sie mit Sicherheit.

# 10.

# Kiezbäckereien, früher typisch für Berlin

**Fachmakl. F. R. Günt**
**Berlin W 30, Nürnberger Str.**
**Tel. 24 66 11**

*Biete an:*

**Bäckerei** an Hauptverkehrsstr. 4 letzthändig, früher 8-9000.- L geschäft, 3-Zi.-Whg., Maschiner konkurrenzl . Neubaugegd., a halber, nur 7500.-

**Bäckerei Charlottenburg,** 21 letzthändig, 149.- Miete, heb fähig, 2-Zi.-Whg., Maschinenb nur 3500.—

**Bäckerei Tempelhof,** konkurr Maschinenbetr., 3000.- Monat sehr hebungsfäh. 2½-Zi.-Whg ,

**Bäckerei Wedding,** 4500.- M umsatz, Maschinenbetr., 154.- 2½-Zi.-Whg., äußerst gunstig.

**Bäckerei Wedding,** best. Lag., Monatsums., 114.- Miete, Masc betrieb, 2-Zi.-Whg., Küche, günstig, ev Teilzahlung.

**Bäckerei, Konditorei, Café** Hauptverkehrsstraße, Schön 2½-Zi.-Whg., günstig verkäufl

In der Presse wurden durchweg die typischen Kiez-Bäckereien mit angeschlossener Zwei- bis Dreizimmerwohnung angeboten. Auch wenn in einer Annonce der zum Verkauf stehenden Bäckereien in der „Neuen Bäcker-Zeitung“ vom 5. Januar 1952 das Wort „Miete“ erwähnt wird, bezog sich der Verkaufspreis nur auf die Einrichtung der Bäckerei, nicht auf Eigentum am Haus. (Zentral- und Landesbibliothek Berlin).

Conditorei

Fein-Bäckerei

# KLEINE ANZEIGEN

Das fettgedruckte Überschriftswort DM 1.– West
Jedes weitere Wort DM 0 50 / Kennziffergebühr 0.50

*erkäufe*

**erei-Kondi-** krankheits- verkäuflich. 4500.– . 731 d. NBZ

**aufe** Bäckerei eiche Gegend inenbetrieb, Ladenge- 2½-Zi.-Whg. Miete, wegen stg. günstig. . 726 d. NBZ.

*nkäufe*

**erei- torei - Café** hten gesucht, Kauf. 34 45 28

**Kleines** Bäckereigrundstück mit freiwerdender Bäckerei zu kauf. gesucht Chiffr. 728 d. NBZ.

**Suche** gute Bäckerei zu kaufen. Chiffr. 729 d. NBZ.

**Suche** Bäckerei barzahlend. Chiffr. Nr. 727 der NBZ.

*Stellen-*
**GESUCHE**

Perfekter **Erstgehilfe** mit allen vorkommend. Arbeiten vertraut, gute Konditorkenntnisse. Angeb. unt. Chiffre Nr. 732 der NBZ.

**Bäckermeister,** erfahrener. mit gut. Konditorkenntniss. Ende 30, möchte sich verändern Wilmersdorf). Zuschr. unter Chiffre 730 der NBZ.

**Eine Klein-Anzeige in der NBZ. hat Erfolg!**

*Verschiedenes*

**Waffelgroßhdlg.,** – 61 50 68 – Willi Marnitz, Berlin SO 36, Manteuffelstraße 50 wünscht seinen Kunden ein erfolgreiches glückliches 1952.

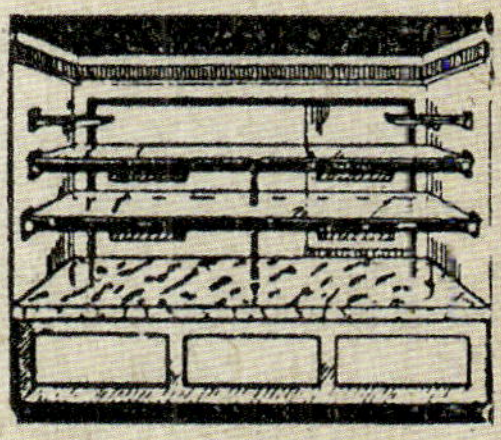

**Schaufenster-**
Einsatz, Ladentisch Glasaufsatz, preisgünst. Gelegenheit.
**Holm, Bln. SW 68**
Alexandrinenstr. 1b
U-Bahn Hall. Tor.
Ruf: 61 26 01.

# 90 NEUE BÄCKEREIEN FÜR NEUE HÄUSER BRAUCHT DIE STADT

Mit der Industrialisierung ab 1830 begann das alte Berlin (d. h. Berlin-Mitte, Prenzlauer Berg, Kreuzberg) rasant zu wachsen. 1861, nach der Eingemeindung von Moabit, Wedding und Gesundbrunnen, war die Zahl von 500 000 Einwohnern überschritten, 1877 waren es mehr als 1 Mio. und 1906 lebten schon mehr als 2 Mio. Menschen in Berlin. Mit dem Großberlin-Gesetz und der Eingemeindung von sechs weiteren Städten (Charlottenburg, Schöneberg, Lichtenberg, Spandau, Neukölln, Wilmersdorf) waren 59 Landgemeinden und 27 Gutsbezirke eingemeindet und Groß-Berlin zählte damit schlagartig 3,9 Mio. Einwohner.

Ab 1890 setzte eine intensive Bautätigkeit in Berlin ein, alte Häuser wurden abgerissen und neue mehrgeschossige Miethäuser errichtet. Wo es noch genügend Bauland gab, wurden ganze Stadtviertel neu angelegt. So entstand beispielsweise zwischen 1900 und 1910 das Viertel rund um den Arnimplatz in Prenzlauer Berg. Bei der Planung wurde zumeist auch an die Nahversorgung der Bewohner dieser Häuser gedacht. Man plante ausreichend Geschäfte, Bäckereien und Fleischereien. Die Stadtplaner und Bauherren gingen wohl davon aus, dass ein Berliner morgens maximal 200 Meter zum Bäcker laufen will. In der rund 450 Meter langen Schönfließer Straße, in der Gustav Siebert 1906 eine Bäckerei eröffnet hatte, gab es einige Häuser weiter in der Nr. 16 die nächste Bäckerei. In der ca. 750 Meter langen Querstraße (heute

Otto Siebert (1897–1968) mit Familie und Angestellten vor der Bäckerei Siebert, die 1936 ihr 30. Jubiläum feierte. Bodo Siebert (geb. 1934) feiert auch schon mit. (Sammlung Siebert)

Paul-Robeson-Straße) gab es vier Bäckereien, in der Driesener Straße und der Seelower Straße, den Parallelstraßen zur Schönfließer, hatten sich jeweils zwei Bäcker niedergelassen. Alle diese Bäckereien waren gemietet, nur wenigen Bäckern gehörten die Häuser, in denen sich ihr Betrieb befand. Die Möglichkeit, eine Bäckerei zu mieten, ermöglichte es etlichen, aus ganz Deutschland kommenden Gesellen, sich ohne eigenes Kapital in Berlin selbständig zu machen.

1911 waren mehr als 2000 Berliner Bäcker Innungsmitglieder, nach der Gründung von Großberlin gab es Mitte der 1920er Jahre rund 3800 Bäcker in der Stadt.

# 91 KLEIN, ENG UND GEMIETET

Eingangstür und Schaufenster zusammen dürften maximal vier Meter lang gewesen sein, also eine typische Bäckerei aus der Zeit vor dem Ersten Weltkrieg. Kurt Walczok war in den 1930er Jahren aktiv im Fachverein und die Fotos unten stammen aus dem Archiv des Fachvereins. Die Bäckerei ist bis 1943 in der Chausseestr. 34 nachweisbar, 1946 bis 1950 hatte Walczok seine Bäckerei bereits in der Bergstr. 161 (ab 1947 Karl-Marx-Str. 115) in Neukölln und danach bis 1962 in der Sonnenallee 16.

Die Straßenfront der „normalen" gemieteten Bäckereien aus der ersten Hälfte des 20. Jahrhunderts waren ca. fünf bis sechs Meter breit, ein großer Verkaufsraum umfasste ca. 20 qm. Daran schloss sich nach hinten ein

Fassade und Ladengeschäft der Bäckerei Kurt Walczok in der Chausseestr. 34 in den 1930er Jahren. (Sammlung Grumm)

Gang an, von dem eine kleine Wohnung mit maximal zwei Zimmern und einer Küche abging. Am Ende des Gangs lag die Backstube, ca. 40 bis 60 qm groß. Da zumeist im Erdgeschoss von Mietshäusern untergebracht, konnten die Räumlichkeiten, vor allem die Produktionsräume kaum erweitert werden.

Während der Weimarer Republik entstanden in Berlin neue Wohnviertel für die nicht so wohlhabende Bevölkerung. Die Stadtplaner dachten dabei auch an die entsprechende Infrastruktur und planten Bäckereien mit ein. Nun gern an den Ecken der Wohnblöcke platziert, sodass zwei Ladenfronten vorhanden waren, änderte sich an der Größe der Läden, Wohnungen und Backstuben allerdings kaum etwas.

Mit dem zunehmenden Ladensterben in Berlin, besonders seit den 1990er Jahren, gelang es der einen oder anderen Bäckerei, auch das Nachbargeschäft zu mieten und so den Verkaufsraum und manchmal auch die Backstube zu vergrößern. Mit den Großbäckereien im Berliner Umland können die wenigsten mithalten.

# 92 ZWISCHEN KOCHTOPF UND KUNDSCHAFT

In der kleinen Wohnung wohnte die Bäckerfamilie, was ja auch praktisch war. Denn so konnte die Meisterfrau zwischen Kochtopf und Kunden pendeln. Die Enge blieb, vor allem, wenn sich Nachwuchs einstellte.

Reinhold Grumms Sohn Richard, der schon längst die Bäckerei übernommen hatte, war 1940 zur Wehrmacht eingezogen worden. Über seine Kleinkindzeit in der Bäckerei in der Lehrter Str. 46 berichtet der Enkelsohn Hans-Joachim später: „Meine Wiege stand neben dem Laden im Schlafzimmer, mein Geschrei mobilisierte den ganzen Betrieb. Meine Schaukel wurde auf dem Korridor montiert – zum Leidwesen der Bäcker, denen ich so manches Backblech auf dem Weg zum Laden aus der Hand stieß. Gebadet wurde ich in der Backstube, hinter dem Backofen – hier war es immer warm und hier gab es auch das warme Wasser."

Reinhold Grumm mit Ehefrau Lina, Schwiegertochter Elfriede, einer Verkäuferin und Enkelsohn Hans-Joachim (geb. 1939), um 1941/42. (Sammlung Grumm)

# 93 BÄCKEREIEN IN BERLIN NACH DEM ZWEITEN WELTKRIEG

Die Größe der Läden, Backstuben und mitgemieteten Wohnungen bei den über die ganze Stadt verteilten „normalen" Miet-Bäckereien hatte sich auch 1951 nicht geändert. Da in den ersten Jahren nach dem Zweiten Weltkrieg kaum Neubauten entstanden, sondern vor allem die Vorkriegshäuser wieder instandgesetzt wurden, sind zu dieser Zeit kaum räumlich größere Bäckereien entstanden – weder in West- noch in Ostberlin.

Blick in die Backstube der Bäckerei Ortwin Rösler in der Breiten Str. in Spandau in den 1970er Jahren. (Sammlung Rösler)

Es gelang den meisten Bäckern in West- und auch in Ostberlin, spätestens in den 1960er Jahren anderswo eine Wohnung zu finden und die ehem. Ladenwohnungen auch für die Bäckerei zu nutzen. Der Arbeitsraum bleibt begrenzt und es bestand kaum eine Chance, flächenmäßig zu expandieren. Auch die Möglichkeit, moderne Bäckereimaschinen aufzustellen, blieb aufgrund der beengten Raumverhältnisse eingeschränkt. Wenn neue Häuser auf Ruinengrundstücken erbaut wurden, dachten die Bauherren in den seltensten Fällen daran, auch eine Bäckerei mit entsprechendem Raumbedarf einzuplanen.

Bauland, um eine größere Bäckerei zu errichten, gab es allenfalls in den Westberliner Außenbezirken. So lohnte es sich nur, wenn man weniger von der Ladenkundschaft als vom Liefergeschäft an Kantinen, Cateringunternehmen, Altersheime etc. lebte. Außerdem war es sehr schwierig, als Westberliner in der Stadt überhaupt eine Baugenehmigung für Gewerbezwecke zu bekommen, weil die Gewerbeflächen vom Senat für potenzielle Unternehmen aus Westdeutschland zurückgehalten wurden.

Die Ostberliner Bäckereien wurden größtenteils von den kommunalen Wohnungsgesellschaften vermietet. Nach der Wende wurde kaum einem der Ostberliner angeboten, seine Bäckerei zu kaufen.

# 11.

# Technik in der Bäckerei

Die Backstube der Bäckerei Johann Mayer Anfang der 1930er Jahre. Johann Mayer (3.v.r.) hatte z. B. in seiner Bäckerei eine große Teigknetmaschine in Betrieb. Der Junge mit der Rührschüssel links im Bild ist kein Fall von Kinderarbeit, sondern Kurt Mayer, der als zukünftiger Inhaber schon mal in zünftiger Kluft mit aufs Bild kommen sollte. (Sammlung Berning)

Kundenbewertungen waren schon damals verkaufswirksam und so versäumte es Robert Moritz nicht, diese von seinen Kunden anzufordern und in seinem Prospekt zu veröffentlichen. So wird auch eine Kundenbewertung von Bäckermeister W. Spaethe, Schönhauser Allee 186a, vom 21. März 1902 zitiert: „Antwortlich Ihrer werten Anfrage teile ich Ihnen ergebenst mit, dass ich mit dem von Ihnen gebauten Doppelbackofen sehr zufrieden bin. Ein Sengen und Brennen an einzelnen Stellen, wie bei vielen Öfen vorn in den Ecken, giebt es gar nicht. Er bäckt äusserst gleichmäßig und heizt sich sehr leicht.“ Prospekt der Firma Robert Moritz, um 1905. (Sammlung Berning)

# 94 BACKÖFEN AUS DEM KAISERREICH

Zu den führenden Backofengeschäften in Berlin gehörte vor dem Ersten Weltkrieg die Firma Robert Moritz, die zwischen 1890 und 1914 zahlreiche Bäckereien in den damaligen „Neubaugebieten"mit Backöfen versorgte. Diese Öfen waren schon ein erheblicher Fortschritt, da sie mit Kohle – und nicht mehr mit Holz – geheizt wurden. Technisch wurden sie bis Ende der 1920er Jahre jedoch kaum weiterentwickelt, nahmen viel Platz in den kleinen Backstuben ein und reagierten sehr empfindlich auf schlechte Kohle.

Nach dem Zweiten Weltkrieg investierten zwar etliche Bäcker in Maschinen, da die Arbeitskräfte teurerer wurden, aber nicht in einen neuen Ofen. Nach einer Schätzung der Bäcker-Innung waren 1953 rund 70 Prozent der Backöfen in Berlin überaltert und erneuerungsbedürftig.

Auch wenn sich die Öfen leicht heizten, verschlangen sie große Mengen von Briketts. Dies bekamen vor allem kleinere Bäckereien während der Weltkriege und auch in der Zeit danach zu spüren. Gemessen am Kohleverbrauch produzierten sie zu wenig Backwaren und wurden deshalb als unrentabel geschlossen. Sie mussten das ihnen zustehende Mehl einem anderen Kollegen zum Mitbacken geben und konnten einen Teil des dort gebackenen Brotes in ihrem Laden verkaufen. Jedes Mal, wenn Behörden diese Zwangsschließungen anordneten, schoben sie der Innung die unangenehme Aufgabe zu, die zu schließenden Betriebe auszuwählen.

links: Backofen in einer Westberliner Bäckerei in den 1950er Jahren. Bei diesem Ofen dürfte es sich um einen doppelten Unterzugs-Backofen gehandelt haben, wie ihn die Firma Robert Moritz um 1900 anbot. (Sammlung Grumm)

rechts: Hans-Joachim Grumm als Lehrling 1955/56 beim Anheizen des Backofens in der Backstube seines Vaters in der Torfstraße. (Sammlung Grumm)

# 95 MODERNISIERUNG DER BACKÖFEN SEIT DEN 1950/60ER JAHREN

Gleich zwei Artikel widmete die „Neue Bäcker-Zeitung" der Notwendigkeit neuer Öfen in der Ausgabe vom 20. März 1953. In dem einen berichtet sie ausführlich über die Vorzüge der Gasdampfbacköfen, der andere, wohl von der Backofenfirma Werner & Pfleiderer gesponserte, gerät ins Schwärmen über den Zyklotherm-Gasdampfbackofen, der so besonders geeignet für die Herstellung des Berliner Landbrotes sei.

Vor dem Hintergrund der Erfahrungen in der Blockadezeit versuchte die Berliner Bäcker-Innung in Westberlin ihre Mitglieder zu ermuntern, auf modernere Gas-Backöfen umzurüsten, wobei selbst diese neuen Öfen immer noch viel Platz in der Backstube beanspruchten.

Laut einer Umfrage der Bäcker-Innung bei ihren Mitgliedern 1972 waren bis Anfang der 1970er Jahre 70 Prozent der Westberliner Bäckereien auf Gas-Öfen umgestiegen, von den verbleibenden 30 Prozent hatte die Mehrheit ihre Öfen auf Öl umgestellt, mit Kohlen geheizte Backöfen waren kaum noch in Betrieb. Die Innung handelte bis in die 1990er Jahre hinein regelmäßig mit der GASAG Sondertarife für ihre Mitglieder aus, konnte sie hier doch quasi als Großabnehmer auftreten und somit Rabatte erhalten, die ein einzelner Bäcker allein von der GASAG niemals eingeräumt bekommen hätte. Mit dem starken Rückgang der Anzahl der Bäckereien verlor die GASAG das Interesse, Großkunden-Verträge mit der Innung abzuschließen.

Auf Öl-Betrieb umgestellter Backofen in der Vollkornbäckerei Steinmühle in der Rubensstr. 38 (Berlin-Schöneberg) in einem Wohnblock aus den 1920er Jahren. Diese Backstube wurde Mitte der 1980er Jahre von dem Kollektiv der Vollkornbäckerei „Steinmühle" genutzt.

Durch die zunehmende Ausstattung mit elektrisch betriebenen Bäckereimaschinen stieg der Stromverbrauch in den Bäckereien an. Auch mit der BEWAG konnte die Innung bis zum Jahr 2000 immer wieder „Rabatt-Verträge" für ihre Mitglieder aushandeln.

In Ostberlin mussten sich die meisten Bäcker in die 1960er Jahre hinein gedulden, bis sie einen moderneren Gasbackofen zugeteilt bekamen. Zwar beanspruchten die Backöfen, die in den 1960er Jahren neu eingebaut wurden, weiterhin Platz in der Backstube, nahmen aber weniger Raum ein als die alten Kohlebacköfen. Doch selbst in den 1980er Jahren gab es eine Reihe von Bäckern in Ost- und Westberlin, die noch mit Backöfen aus der Zeit der Gründung dieser Bäckereien arbeiteten.

# 96 NEUE ÖFEN BRAUCHT DAS LAND

In den 1990er Jahren kam es zu einer großen Backofen-Modernisierungswelle. Vor allem entsorgten in Ostberlin viele Bäckereien ihre noch gemauerten Gas-Backöfen und schafften neue, technisch weiterentwickelte und weniger Raum einnehmende Backöfen an. Auch Westberliner Betriebe rüsteten nach.

Auch heute hat ein Backofen, gerade mit der Weiterentwicklung der EDV und verschärften Ansprüchen an Energie- und Umwelttechnik, maximal einen Lebenszyklus von rund 20 bis 30 Jahren, dann muss wieder ein neuer her – die Bäckermeister müssen also wieder neu investieren. Und das lohnt sich bei den älteren Bäckern nur, wenn auch ein Nachfolger in Sicht ist.

Die Bäckerei Lau in der Pasteurstraße tauschte den in den 1960er Jahren eingebauten Gasbackofen in den 1990ern gegen einen neuen Backofen aus, Foto um 2010. (Sammlung Lau)

# 97 BÄCKEREI-MASCHINEN

Solange menschliche Arbeitskraft nahezu unbegrenzt verfügbar und billig zu haben war, bestand für die meisten Berliner Bäcker kein Anlass, ihre Backstuben zu modernisieren. Das änderte sich mit den Erfahrungen des Ersten Weltkriegs, als Gesellen, da als Soldat eingezogen, plötzlich knapp waren und in der Weimarer Republik. Zwar waren sie da wieder verfügbar, aber durch die Einführung des 8-Stundentags und die erstarkten Gewerkschaften, die Tariflöhne durchsetzten, stiegen die Lohnkosten.

Das änderte sich auch nach dem Zweiten Weltkrieg nicht. Die Löhne stiegen, abgesehen davon, dass Fachkräfte rar waren, und so schafften in Westberlin die meisten Bäcker technische Hilfsmittel an. Dabei ging es nicht nur darum, menschliche Arbeitskraft durch Maschinen zu ersetzen, sondern auch darum, den Mitarbeitern in der Bäckerei die Arbeit zu erleichtern. Auch wenn kaum noch schwere Mehlsäcke oder schwere Schüsseln und Kübel durch die Gegend gewuchtet werden müssen, ist der Bäckerberuf immer noch mit viel Arbeit im Stehen und mit viel Herumlaufen verbunden.

Relativ primitive Knet- und Rührmaschinen kamen zwar schon um 1900 auf den Markt, aber die Technik veränderte sich in den folgenden Jahrzehnten erheblich und wurde – vor allem mit dem Aufkommen der EDV – immer weiter automatisiert.

Zeitraubend, personalintensiv und mühsam war das Abbacken der Brötchen ohne maschinellen Einsatz. Bevor die Brötchen in den Backofen kamen, wurden sie per Hand geformt. In den meisten Ostberliner Bäckereien blieb das Standard bis 1990, lediglich die Backofentechnik änderte sich.

Da Brötchenherstellung wesentlich arbeitsaufwendiger als Brotherstellung war, überließ die Brotindustrie dies bis in die 1970er Jahre gern den Bäckern.

In der DDR hatte die Firma Habämfa die Schrippenanlage VAWT entwickelt, vorwiegend für die Backindustrie, aber auch kleinere Versionen für größere Bäckereien. Sehr zum Unmut der Ostdeutschen Bäcker konnten nur die wenigsten eine dieser Maschinen ergattern. In Ostberliner Fachkreisen wurde dieser Mangel auf dem Markt damit erklärt, dass die DDR sie gegen die dringend benötigten Devisen in die BRD an die Firma DEBAG liefere, welche sie etwas verändert unter ihrem Namen verkaufte.

Die Entwicklung von Schrippenautomaten, also Teigteil- und -wirkmaschinen, die den Teig abteilen, formen und auf die Backträger schieben, lief Anfang der 1960er Jahre an. Sie wurden zunächst ausgehend von ihren Dimensionen für Handwerksbetriebe konstruiert.

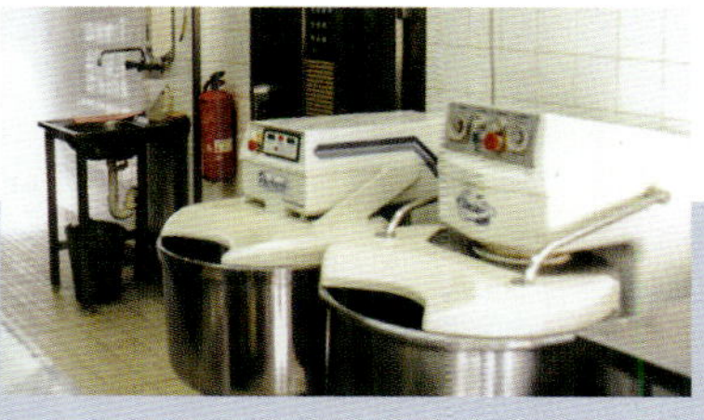

links: Teigknetmaschine in der Bäckerei Mayer in den 1980er Jahren. (Sammlung Berning)

oben: Nachdem der Besitzer des Hauses in der Flemmingstr. 72 ohne Angabe von Gründen Jürgen Buhrmeister 1991 gekündigt hatte, macht sich Buhrmeister im selben Jahr noch einmal selbständig und richtet seine Bäckerei in der Fürstenwalder Allee Nr 27 komplett mit neuer Technik ein. Dazu gehörten auch elektronisch gesteuerte Teigknetmaschinen. Die Bäckerei schloss 2015, ohne dass sich ein Nachfolger fand. (Sammlung Buhrmeister)

Über die Jahrzehnte wurden diese Anlagen immer weiter automatisiert. Die Möglichkeiten, die sich durch eine Gärunterbrechung des vorbereiteten und geformten Teiges in Gärschränken für einige Stunden bieten, werden von modernen Handwerks-Bäckereien genutzt, sowohl von „konventionellen" als auch von Bio-Bäckereien, denn sie helfen, über den Tag verteilt immer wieder frische Brötchen anzubieten. Auch können sie dazu beitragen, die Nachtarbeit zu reduzieren.

Der Unterschied zwischen den „Auf-Bäckern" und den backenden Handwerks-Betrieben ist, dass in der Bäckerei der Teig selbst vor Ort hergestellt wird und der Bäckermeister entscheidet, was in seinen Teig an Zutaten hineinkommt, während die industriell gefertigten Tiefkühl-Teiglinge in den Aufback-Shops oft nicht einmal in Europa stammen.

links oben: In Westberlin setzte die Mechanisierung der Brötchenherstellung erst in den 1960er Jahren ein. Die Bäckerei Prohassek hatte zwar schon seit den 1950er Jahren einen modernen Gasbackofen, aber der manuelle Einsatz beim Brötchenabbacken stand auch noch Anfang der 1960er auf der Tagesordnung. (Sammlung Prohassek)

rechts oben: Erst 1978 leistete sich die Bäckerei Johann Mayer eine Schrippenanlage der Firma DEBAG mit Einschlagroller und Absetzung auf Kippdielen, die bis 2007 ihren Dienst versah. (Sammlung Berning)

links unten: Auf den Markt kamen ab Ende der 1950er Jahre elektrisch betriebene Ausrollmaschinen für Mürbe-, Blätterteig und Plundergebäck wie diese, die die Bäckerei Johann Mayer 1972 anschaffte, Foto zweite Hälfte 1980er Jahre. (Sammlung Berning)

# 98 DAS GEHEIMNIS DES BERLINER PFANNKUCHENS

Fettgebackenes ist keine Berliner Erfindung, Krapfen gab es auch schon im Mittelalter. Aber auf die Idee, diese Krapfen rund zu formen, soll ein Berliner Zuckerbäcker im 18. Jahrhundert gekommen sein. Wer dann den Gedanken hatte, diese runden Pfannkuchen süß zu befüllen, ist auch nicht bekannt. In der zweiten Hälfte des 19. Jahrhunderts mit dem rasanten Aufstieg Berlins traten diese gefüllten Pfannkuchen ihren Siegeszug in Deutschland an, wo sie oft nur „Berliner" heißen. Selbst nach Portugal haben es die „Berliner" geschafft: Anfang der 1940er Jahre brachte sie, an den portugiesischen Geschmack adaptiert, ein jüdischer Exilant als „Bolo de Berlim" auf den Markt.

Mancher wird sich schon mal gefragt haben, wie die Füllung in den Pfannkuchen kommt. Nach dem Gehen wurde ursprünglich in ein Teigteil eine Mulde gedrückt, diese mit Marmelade gefüllt, ein weiteres Teigteil daraufgesetzt und beide Teighälften mit Wasser oder Eiweiß zusammengeklebt, bevor sie in die Fritteuse wanderten. Dank der Füllmaschinen, mit denen die gewünschte Füllung in die fertigen Pfannkuchen eingespritzt wird, geht es heute einfacher. Manuelle Füllmaschinen mit Pieker und Trichter gab es schon seit den 1930er Jahren, aber bei den heutigen elektrisch betriebenen modernen Maschinen lässt sich die Dosierung genau einstellen. Auch gehören mehrere Aufsätze zum Standard, für jede Füllung einer.

Bis jetzt (Stand 1. April 2024) hat das Berliner Bäckerhandwerk darauf verzichtet, die Bezeichnung „Berliner Pfannkuchen" oder einfach „Berliner" als „geschützte regionale Herkunftsbezeichung" wie z. B. „Dresdener Christstollen" und „Schwäbische Spätzle" eintragen zu lassen.

Befüllung der Pfannkuchen in der Bäckerei Rösler. Während es für das Einspritzen der Marmelade Maschinen gibt, ist immer noch viel Handarbeit nötig. Meistens können nur zwei Pfannkuchen, einer in der rechten und einer in der linken Hand, gleichzeitig befüllt werden. (Foto Rösler)

# 12.

## Vertrieb

Brod sende auf Wunsch Frei ins Haus

Backwaren werden im Hof in den Lieferwagen der Bäckerei Albert Schröder in Mariendorf verladen, Foto Ende der 1930er Jahre. (Sammlung Prohassek)

# 99 LADEN- UND LIEFERGESCHÄFT

Zu einer Backstube gehörte im 19. und 20. Jahrhundert auch ein Ladengeschäft, in dem die produzierten Backwaren angeboten wurden, wobei Brötchen mit der wichtigste Umsatzbringer waren. Die Berliner sahen das Weizenkleingebäck mit Vorliebe auf dem Frühstückstisch, waren aber nicht daran interessiert, dafür in aller Herrgottsfrühe zum Bäcker zu laufen. Unter dem Konkurrenzdruck im Berliner Bäckerhandwerk wurde zusätzlich zum Ladengeschäft von den Bäckern der Service des morgendlichen Brötchenaustragens angeboten. Zuständig für das Austragen zur frühen Morgenstunde waren oft die Kinder des Bäckers oder seine Lehrlinge. Üblich war es, dass diejenigen, die diesen Lieferservice in Anspruch nahmen, einen Brotbeutel vor die Tür hängten, in den dann die Brötchen hineingelegt wurden. Bis Anfang der 1960er Jahre wurde Brötchenaustragen von vielen Bäckereien, auch in den Berliner Vororten, noch angeboten.

Eine weitere Möglichkeit, mehr Backwaren abzusetzen, war der Weiterverkauf an Händler, die sie dann in ihren Läden anboten. Bereits im 18. Jahrhundert nutzten Berliner Bäckermeister diese Vertriebsmöglichkeit. Damals waren es die sogenannten Brothöker, Straßenhändler, die beim Magistrat eine Konzession erwerben mussten, nur an vom Magistrat festgelegten Orten in der Stadt verkaufen durften und ihr Brot vom Brotscharren oder von benachbarten Bäckern zu beziehen hatten.

links: Lehrling in einem Treppenhaus beim Brotaustragen in den 1920er Jahren. Ob dabei immer so eine blütenweiße Bäcker-Kluft getragen wurde, ist fraglich. (Sammlung Grumm)

oben: Marktstand der Landbäckerei Carl Schröder mit Brot auf einem Berliner Markt, um 1910. (Sammlung Prohassek)

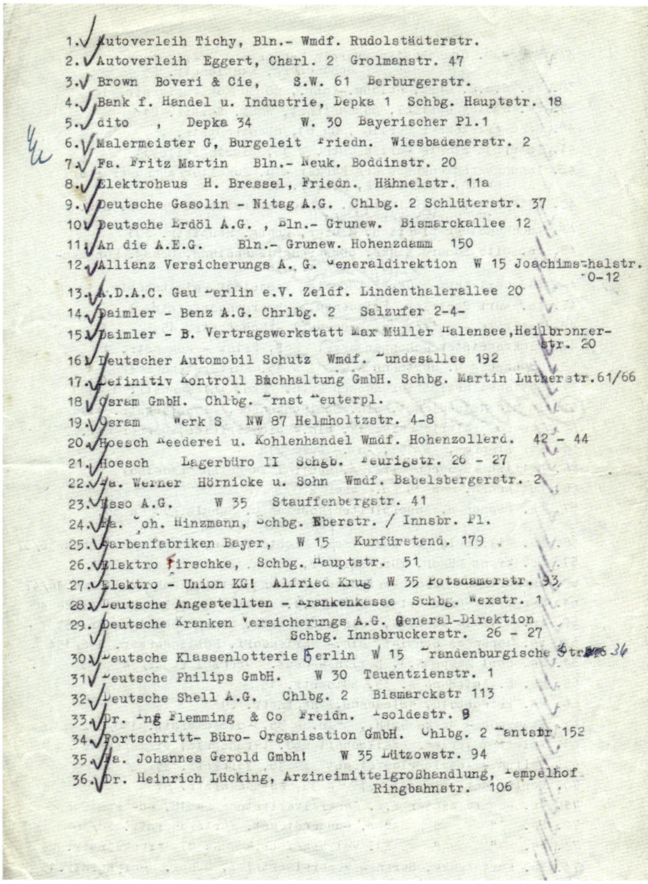
1. Autoverleih Tichy, Bln.- Wmdf. Rudolstädterstr.
2. Autoverleih Eggert, Charl. 2 Grolmanstr. 47
3. Brown Boveri & Cie, S.W. 61 Berburgerstr.
4. Bank f. Handel u. Industrie, Depka 1 Schbg. Hauptstr. 18
5. dito , Depka 34 W. 30 Bayerischer Pl. 1
6. Malermeister G, Burgeleit Friedn. Wiesbadenerstr. 2
7. Fa. Fritz Martin Bln.- Neuk. Boddinstr. 20
8. Elektrohaus H. Bressel, Friedn. Hähnelstr. 11a
9. Deutsche Gasolin - Nitag A.G. Chlbg. 2 Schlüterstr. 37
10. Deutsche Erdöl A.G. , Bln.- Grunew. Bismarckallee 12
11. An die A.E.G. Bln.- Grunew. Hohenzdamm 150
12. Allianz Versicherungs A. G. Generaldirektion W 15 Joachimsthalstr. 10-12
13. A.D.A.C. Gau Berlin e.V. Zeldf. Lindenthalerallee 20
14. Daimler - Benz A.G. Chrlbg. 2 Salzufer 2-4-
15. Daimler - B. Vertragswerkstatt Max Müller Halensee, Heilbronnerstr. 20
16. Deutscher Automobil Schutz Wmdf. Bundesallee 192
17. Definitiv Kontroll Buchhaltung GmbH. Schbg. Martin Lutherstr. 61/66
18. Osram GmbH. Chlbg. Ernst Reuterpl.
19. Osram Werk S NW 87 Helmholtzstr. 4-8
20. Hoesch Reederei u. Kohlenhandel Wmdf. Hohenzollerd. 42 - 44
21. Hoesch Lagerbüro II Schgb. Feurigstr. 26 - 27
22. Fa. Werner Hörnicke u. Sohn Wmdf. Babelsbergerstr. 2
23. Esso A.G. W 35 Stauffenbergstr. 41
24. Fa. Joh. Hinzmann, Schbg. Eberstr. / Innsbr. Pl.
25. Farbenfabriken Bayer, W 15 Kurfürstend. 179
26. Elektro Firschke, Schbg. Hauptstr. 51
27. Elektro - Union KG! Alfried Krug W 35 Potsdamerstr. 93
28. Deutsche Angestellten - Krankenkasse Schbg. Wexstr. 1
29. Deutsche Kranken Versicherungs A.G. General-Direktion Schbg. Innsbruckerstr. 26 - 27
30. Deutsche Klassenlotterie Berlin W 15 Brandenburgische Str. 36
31. Deutsche Philips GmbH. W 30 Tauentzienstr. 1
32. Deutsche Shell A.G. Chlbg. 2 Bismarckstr 113
33. Dr. Ing Flemming & Co Freidn. Isoldestr. 9
34. Fortschritt- Büro- Organisation GmbH. Chlbg. 2 Kantstr 152
35. Fa. Johannes Gerold Gmbh! W 35 Lützowstr. 94
36. Dr. Heinrich Lücking, Arzineimittelgroßhandlung, Tempelhof Ringbahnstr. 106

links: Liste von Unternehmen, die die Bäckerei Johann Mayer bei einer Aktion zur Kundenakquise in den 1950er Jahren angeschrieben hatte. (Sammlung Berning)

Sie durften maximal einen Groschen auf den damals vom Magistrat vorgeschriebenen Brotpreis aufschlagen, aber es war ihrem Verhandlungsgeschick überlassen, beim Bäcker, dessen Brot sie verkauften, einen Rabatt einzufordern. Auch wenn sich etliche Berliner Bäcker immer wieder beim Magistrat über die Höker beklagten, so scheinen doch andere ihrer Kollegen diesen Vertriebsweg zusätzlich zum Verkauf im eigenen Laden und am Scharren genutzt zu haben, um mehr Brot abzusetzen, als sie es allein in der unmittelbaren Umgebung ihrer Backstube konnten. Offensichtlich war schon damals bei vielen Bäckern die Backkapazität größer als der lokale Kundenkreis. Mitte des 19. Jahrhunderts war zwar der Straßenhandel mit Brot verboten worden, aber nicht der Wiederverkauf in Geschäften. Und je mehr Bäcker es in der stetig wachsenden Stadt gab, umso mehr nutzten diesen Vertriebsweg. Und je stärker die Konkurrenz der Bäcker untereinander, desto höhere Rabatte konnten gewiefte Lebensmittelhändler herausschlagen. Das hat sich bis heute nicht geändert.

Ab den 1830er Jahren begannen die Berliner Bäcker auch die Konkurrenz des Landbrothandels aus den Dörfern in der Umgebung von Berlin zu spüren. Dort waren sowohl die Betriebskosten als auch die Steuerbelastungen für die

Bäckereien niedriger als in der Stadt und so konnten die Bäcker aus dem Umland ihr Brot preiswerter als die Berliner anbieten. Auch die Landbäcker nutzten verschiedene Vertriebswege, den Direktverkauf vom Fuhrwerk herunter oder den Verkauf auf Berliner Märkten und an Lebensmittelläden. Zu Recht beschwerten sich die Berliner Bäcker, dass sie steuerlich mehr belastet wurden als die Bäcker vom Lande. Doch der Magistrat stoppte die Zufuhr nach Berlin nicht, um auch der ärmeren Bevölkerung ihr tägliches Brot zu sichern.

Mit dem Aufkommen der Brotindustrie ab Anfang des 20. Jahrhunderts in Berlin kam noch ein weiterer Konkurrent auf den Brotmarkt, der auch beide Vertriebswege, Direktvertrieb und Verkauf über den Handel, nutzte.

Ab den 1950er/1960er Jahren kamen für Bäcker – sowohl in West- als auch in Ostberlin – die aktiv auf Kundenakquise gingen, Großkunden wie Krankenhäuser, Altersheime, Betriebskantinen, Kasernen, Hotels, Restaurants etc. hinzu, die alle vor allem an Brötchen und Kleingebäck interessiert waren. In der ersten Hälfte des 20. Jahrhunderts betrieben viele dieser Betriebe, z. B. Krankenhäuser und Industriebetriebe, oft noch eigene Bäckereien, die vornehmlich Brot herstellten, in ihren Unternehmen. Die „Aufback"-Stationen ab Ende der 1990er Jahre führten bei etlichen Bäckern zu einem Rückgang des Großkundengeschäfts.

Nach der Wiedervereinigung ergaben sich in Berlin und Umgebung günstigere Möglichkeiten für Großbäckereien zur Expansion. Durch den Wegfall der steuerlich günstigen Berlin-Präferenzen und den Anstieg der Lohnkosten nach Ein-

links: Brotmobil der Bio-Bäckerei Weichardt auf dem Markt auf der Domäne Dahlem. (Weichardt Brot GmbH)

oben: Fuhrpark für umfangreicheren Lieferbedarf der Bio-Großbäckerei Beumer & Lutum, die nach eigenen Angaben fast täglich rund 200 Kunden (Bio-Lebensmittelketten, Einzelhändler, Restaurants & Cafés) sowie die sechs eigenen Filialen beliefert. Die Fahrzeugflotte, zu der auch Lastenräder gehören, soll in den nächsten Jahren auf E-Fahrzeuge umgestellt werden. (Beumer & Lutum)

stellung der Berlin-Zulage verließen etliche Unternehmen die Stadt. Nun standen sowohl innerhalb Berlins in Gewerbegebieten als auch im Umland Areale zur Verfügung, die für den Ausbau als Großbäckerei geeignet waren. Einige Bäckereien nutzten diese Chance und wandelten sich zu Großbäckereien, die entweder vor allem durch Filialen, auch in Vorkassenzonen von Supermärkten, ihre Produkte vertreiben oder sich hauptsächlich auf das Liefergeschäft spezialisiert haben. Fast völlig zum Erliegen kam durch die massive Konzentration im Lebensmittelhandel die Lieferung kleinerer Bäckereien an unabhängige Einzelhandelsgeschäfte.

Seit den 1960er Jahren, als in Westberlin das „Bäckerei-Sterben" und der Rückgang des Einzelhandels generell einsetzte, eröffneten viele Bäckereien Filialen, möglichst an Einkaufsstraßen, die ihnen auch Laufkundschaft bescheren sollten.

In Ostberlin übernahmen in den ausgehenden 1970er und in den 1980er Jahren oft Bäcker-PGHs geschlossene Bäckereien und nutzten sie als Verkaufsstellen.

Nach der Wiedervereinigung galt allgemein, dass Filialen eine sehr attraktive Vertriebsmöglichkeit seien. Auch die Ostberliner Bäcker versuchten Filialen zu öffnen, hatten aber selten die Chance, leerstehende Geschäfte in viel frequentierten Straßen zu mieten, da die kommunalen Wohnungsgesellschaften und die Treuhand diese lieber an finanziell besser ausgestattete westdeutsche Bäckerei-Ketten vergaben. Appelle der Handwerkskammer änderten kaum etwas an dieser Praxis. Seit den 2000er Jahren gaben die kleinen und mittelgroßen Bäckereien viele ihrer Filialen wieder auf, weil sie sich wegen der damit verbundenen Kosten nicht mehr rentierten. Auch war es schwierig, noch gutes Personal zu finden.

Bäckereien mit mehr als drei bis vier Filialen sind die Ausnahme geworden. Lediglich drei aus Berlin stammende Großbäckereien, zwei Brandenburger und diverse Bäckerei-Ketten aus anderen Bundesländern expandieren nach wie vor und unterhalten ein großes Filialnetz in der Stadt.

Einige Berliner Bäckereien, vor allem aus dem Bio-Bereich, sind heute noch auf Berliner Märkten präsent, wobei mittlerweile das Brotmobil den Marktstand abgelöst hat.

Für kleine Lieferungen haben manche Bäckereien, wie z. B. die von Michael Köser seit 2016 betriebene (Bio-) Königliche Backstube in der Zwiestädter Straße in Neukölln, ein Lastenrad. (Königliche Backstube)

# 13.

## Wohin in der Freizeit? Freizeitgestaltung Berliner Bäcker

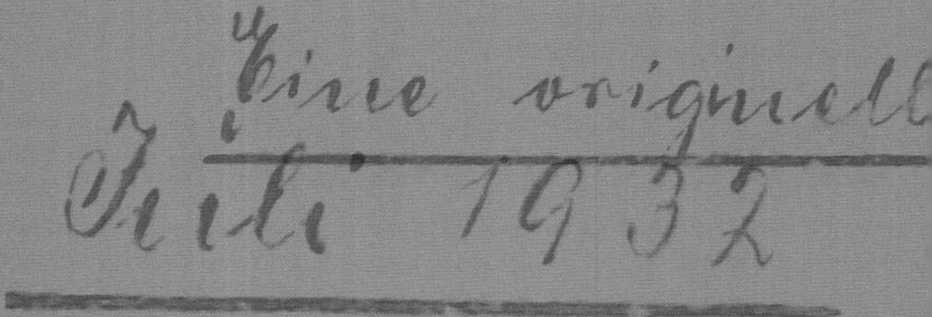

Gemeinsame Sonntagausflüge mit Kollegen standen bis zum Zweiten Weltkrieg hoch im Kurs. Nicht nur zum Bäckerheim in Falkensee, sondern seit 1932 auch nach Groß-Köris zum Zemminsee. Dort hatte die 1918 gegründete „Bäckerei-Einkaufsgenossenschaft Steglitz", eng verknüpft mit der „Bäcker-(Zwangs)-Innung Steglitz", ein Haus erworben, das auch schon vorher als Gastronomiebetrieb gedient hatte. Geleitet wurde die Einkaufsgenossenschaft von Waldemar Schierse (4.v.l.), der seine Bäckerei in der Fichtestr. 48 hatte. (Sammlung BIB)

# 100 BÄCKER-VERGNÜGEN

Schon im Mittelalter trafen sich die Mitglieder des Bäcker-Gewerks gern zu geselligen Ereignissen. Zu Pfingsten gab es ein gemeinsames großes Festessen, an dem auch die Familienangehörigen der Bäckermeister teilnahmen. Die Aufnahme eines neuen Meisters wurde – auf dessen Kosten – mit einem großen Essen gebührend gefeiert, wobei es auch an Alkohol nicht fehlte und es wohl öfters hoch herging. Jedenfalls sah sich Kurfürst Johann Georg von Brandenburg in seinem Privileg für die Bäcker 1582 genötigt, einen Taler Strafe festzusetzen für den, „der sich gegen die Frauen und Jungfrauen mit unzüchtigen Gebärden oder Worten garstiger Weise hören" ließ. Auch wer zu sehr über den Durst getrunken hatte, musste einen Taler Strafe zahlen.

1713 verbot der preußische König Friedrich I. diese Feiern völlig, aber mit wenig Erfolg. Noch Anfang des 19. Jahrhunderts waren die Festessen, die ein neu in die Innung aufgenommener Meister seinen Kollegen ausrichten musste, zumeist das Teuerste an der Meisterwerdung.

Dass das gesellige Leben der Innung auch Ende des 19. Jahrhunderts weiterhin eine große Rolle spielte, zeigten zum Beispiel die Festräume in den beiden neuen Innungshäusern von „Germania" und „Concordia". Die in den Vororten von Berlin entstehenden Bäcker-Innungen hatten zwar nicht so prächtige Innungshäuser, aber gesellige Zusammentreffen der Meister und Feiern standen dort genauso auf dem Programm. Noch bis in die 1990er Jahre hinein veranstaltete in Westberlin jeder Bezirksverein im Frühjahr ein Bäcker-Vergnügen mit Tanz und Musik und die Berliner Innung organisierte für alle Mitglieder einmal jährlich einen Bäckerball. Da aber die jüngere Generation, die in den 1960/1970er Jahren aufgewachsen war, nur noch wenig Interesse zeigte, das Tanzbein im Walzertakt zu schwingen, und die Zahl der Bäckereien stetig zurückging, stellten zunächst die Bezirksvereine und dann die Bäcker-Innung diese Bälle/Tanzveranstaltungen ein.

Zum sozialen Leben der Innungsmitglieder gehörten und (in reduzierter Form) gehören auch die Bäcker-Stammtische. Hier trafen sich, nach 1945 bezirksweise organisiert, mindestens einmal pro Monat die Bäckermeister. Auch wenn nicht alle Meister im Bezirk kamen, so waren es bis in die 1980er Jahre doch immer große Runden, die – zu bäckerfreundlichen Zeiten – zusammenkamen. Abgesehen davon, dass bis in das 20. Jahrhundert hinein schon aufgrund des gemeinsam ausgeübten Handwerks ein gewisses Gefühl des Zusammenhalts existierte und man sich an diesen Stammtischen miteinander über die neusten staatlichen Vorschriften, die Mehlpreiserhöhungen und anderes aufregen und gemeinsam Probleme, die alle im Kiez betrafen, besprechen konnte, hatten die Bäcker durch ihre Arbeitszeit einen anderen Tagesrhythmus als ihre Kunden.

Eine Herrengruppe des Bezirksvereins „Südwest" in Kreuzberg, der Anfang der 1930er Jahre 128 Mitglieder, darunter zehn Frauen, zählte, bei einem Ausflug nach Groß-Köris im Sommer 1932. (Sammlung BIB)

Sie verbrachten einen großen Teil der Nacht und des frühen Morgens in der Backstube, während die Kunden zu dieser Zeit noch schliefen.

Selbstverständlich fehlte es auch nicht an weiteren Vereinen der Bäcker. So nennt das „Adressbuch der Bäckermeister für Gross-Berlin" aus dem Jahr 1933 allein für den Innungsbezirk Gesundbrunnen mit rund 185 Mitgliedern folgende Vereine: Gesangsverein „Konkordia", Kegelclub „Humboldt", Radfahrerklub „Germania" und für die Meistergattinnen und -töchter die „Damenvereinigung Konkordia" und den „Damenklub Teddybär". Der Bezirk Osten in Friedrichshain (rund 160 Mitglieder) konnte neben dem Gesangsverein „Lustige Sänger" mit dem Kegelclub „Vergnügte Armut" aufwarten.

Insgesamt gab es in Groß-Berlin 13 Gesangsvereine, teilweise mit Damensektion, und neben den Kegelclubs „Fidele Bäckermeister" und „Vergnügte

Armut“ auch „Frühauf“, „Schwarzweiß“, „Eichkatz 1899“, „Neidlos“, „Knorrcke“, „Radau“ und den „Kegelklub der Bäckermeister Lichtenbergs“.

Auch nach der Spaltung Berlins bestand ein reges Vereinsleben. In Ostberlin, dort nur anders benannt, gab es Anfang 1990 noch einen Gesangsverein und drei Kegelclubs. 2001 feierte der Bund der Berliner Bäckergesangs-Vereine sein 100jähriges Bestehen.

Der massive Rückgang an Bäckereien in Berlin und das Desinteresse der jüngeren Bäckermeister führten in den 1990er/2000er Jahren zur Auflösung der Bäckermeister-Gesangs- und Kegelvereine sowie zur Zusammenlegung von Bezirksvereinen.

Ein wichtiger Treffpunkt für alle Innungsmeister waren nicht nur die Gastronomiebetriebe in den alten Innungshäusern, sondern nach 1951 auch das „Casino“

Auch der Gesangsverein der Mariendorfer Bäckermeister ließ sich im Sommer 1932 nicht die Gelegenheit zum gemeinsamen Ausflug in das Bäckerheim in Groß-Köris entgehen. (Sammlung BIB)

Mitglieder des Bäckerstammtisches in Prenzlauer Berg mit den Meistersfrauen bei Kaffee und Kuchen auf ihrer gemeinsamen Fahrt nach Lenzen im April 2022. (Sammlung Siebert)

im Innungshaus in der Kärntener Straße, das von einem Pächter geführt wurde. Wer auf der Innung etwas zu erledigen hatte, sei es als Mitglied einer der Kommissionen, sei es, um irgendwelche Dienstleistungen der Innung in Anspruch zu nehmen, schaute anschließend zumeist im „Casino" vorbei und traf sicher auf jemanden zum Reden. Ebenso ging es nach den Innungsversammlungen, an denen neben den Vertretern der Bezirksvereine viele passive Mitglieder teilnahmen, weiter im „Casino", für den einen oder anderen vermutlich der interessantere Teil der Veranstaltung. Wie wichtig diese „Bäcker-Community" auch für diejenigen, die sich zur Ruhe gesetzt hatten, war, zeigt, dass die Mehrheit der Ruheständler nicht aus dem Innungsleben ausschied, sondern gegen eine recht niedrige Gebühr als passive Mitglieder – also ohne Stimmrecht – weiter in der Innung blieb. Auch heute noch (Stand: 2022) gibt es fast genauso viele passive wie aktive Innungsmitglieder, von denen sich etliche in Prüfungskommissionen engagieren.

Ende 1992 wurde ein Teil des „Casino" zum Pausenraum für die Fachschule umgebaut. Das „Casino" für die Bäcker wurde verkleinert, aber mindestens bis Ende 2005 von einer Pächterin weiter betrieben. Geblieben von dem einstmals sehr intensiven gesellschaftlichen Leben der Bäcker-Innung sind zwei vorwiegend von ehemaligen Bäckern besuchte Stammtische: ein kleiner in Westberlin und ein größerer in Ostberlin.

# 14.

# Ausblick

Das Wappen der Bäcker-Innung Berlin verbindet den Berliner Bären mit dem Zunftzeichen der Bäcker, der Brezel, und der Weizenähre als Hinweis auf die Herkunft der Rohstoffe.

Bäcker-Innung
Berlin
1272

# 101 WIE GEHT ES WEITER MIT DEM BERLINER BÄCKERHANDWERK UND SEINER INTERESSENVERTRETUNG?

2021 waren 145 handwerklich betriebene Bäckereien bei der Handwerkskammer Berlin eingetragen, zehn mehr als 2017.

Die wieder ansteigende Zahl der Bäckerlehrlinge, zum Teil mit Abitur, weist darauf hin, dass das Bäckerhandwerk langsam, aber stetig an Wertschätzung gewinnt, und lässt hoffen, dass das Berliner Bäckerhandwerk in der Hauptstadt wieder an Boden gewinnt.

Auch wenn die Bäcker-Innung in Berlin nicht mehr jene große Bedeutung besitzt, wie sie sie noch Anfang der 1950er Jahre hatte, so unterschätzt vielleicht der eine oder andere Berliner Bäcker, was so eine Innung leistet, sowohl für ihre Mitglieder als auch für die Nicht-Mitglieder.

Nach wie vor ist sie der Hauptansprechpartner der Berliner Handwerkskammer, wenn es um Informationen zu ihrem Handwerkszweig geht, und vertritt die Interessen des Bäckerhandwerks sowohl regional als auch überregional gegenüber Verbänden, Behörden, der Industrie, dem Handel und der Öffentlichkeit. Durch ihre Mitgliedschaft im Landesverband Berlin-Brandenburg und im Zentralverband des Bäckerhandwerks ist sie deutschlandweit vernetzt und auch an den Tarifverträgen für Mitarbeiter im Bäckerhandwerk beteiligt. Diese Tarifverträge sind für die Innungsbäckereien verbindlich.

Die Berliner Bäcker-Innung organisiert die Lehrlingsausbildung in der Stadt, nimmt die Gesellenprüfungen ab, unterstützt bei der Meisterwerdung und bietet Fortbildungskurse an – dies alles für ihre Mitglieder, aber auch für die Nichtmitglieder. Nach wie vor leistet die Innung einen finanziellen Zuschuss zur Akademie des Bäckerhandwerks, ein Zuschuss, der nur gewährt werden kann, weil es noch Innungsmitglieder gibt, die Mitgliedsbeiträge zahlen, und weil die Innung heute noch profitiert von dem Vermögen, dass die Bäcker-Innung(en) vor dem Zweiten Weltkrieg angesammelt hatte(n).

Für ihr Engagement in der Innung erhalten die Mitglieder Betreuung, Beratung und Förderung, was sich gerade in der Corona-Zeit wieder sehr positiv bemerkbar gemacht hat.

Der Vorstand arbeitet nach wie vor ehrenamtlich, nur die Angestellten der Geschäftsstelle der Innung erhalten ein Gehalt.

Je größer eine Innung, desto größer auch ihr politischer Einfluss und ihre Möglichkeiten, Verbesserungen in ihrem Handwerk durchzusetzen. Es bleibt zu hoffen, dass in Berlin weiterhin die Anzahl der Bäckereien und mit ihr die Anzahl der Innungsmitglieder steigen wird und dass die Berliner Bäcker-Innung im Jahr 2047 ihr 775. Jubiläum feiern kann.

Obermeisterin Christa Lutum bei der Pressekonferenz im Januar 2022 im Restaurant auf dem Funkturm zum Auftakt der Feiern anlässlich des 750-jährigen Jubiläums der Berliner Bäcker-Innung.

„Unsere erlernte Wandlungsfähigkeit ebnet uns den Weg in die Zukunft des Bäckerhandwerks." Obermeisterin Christa Lutum

**Bibliografische Information der Deutschen Nationalbibliothek**

Die Deutsche Nationalbibliothek verzeichnet diese Publikation in der Deutschen Nationalbibliografie; detaillierte bibliografische Daten sind im Internet über http://dnb.d-nb.de abrufbar.



Asternplatz 3, 12203 Berlin
post@bebraverlag.de

Lektorat: Astrid Volpert, Berlin
Gesamtgestaltung: COXORANGE Kreative Gesellschaft, www.coxorange-berlin.de
Titelfoto: © akg-images
Schrift: Frutiger Neue 1450, Arnhem, DIN Office
Gedruckt in der Europäischen Union
ISBN 978-3-8148-0315-9

www.bebraverlag.de